DANA SNYMAN

Wie de hel is Johnny Joubert?

Notas van 'n rugbyliefhebber

Tafelberg

Vroeër weergawes van sommige stories het op Netwerk24, in *Op die agterpaaie*, *Op pad:'n Reisjoernaal*, *In die tyd van die gif* en *Die binneland in* verskyn.

Die foto op bl. 60 is gepubliseer met toestemming van die fotograaf Hoffie Hofmeister.
Die afdruk van die skildery op bl. 72 is gepubliseer met toestemming van die kunstenaar Willem Pretorius.
Die versreëls op bl. 142 uit *'n Uil vlieg weg* (1971) deur Jeanne Goosen is gepubliseer met toestemming van NB-Uitgewers.
Die aanhaling op bl. 183 uit *Beertjie en sy boytjies* (1992) deur RR Ryger is gepubliseer met toestemming van Michael Green.
Die eerste drie strofes van "Walking Around" deur Pablo Neruda op bl. 196 is vertaal na Afrikaans deur Jeanette Ferreira uit die Engelse vertaling deur Robert Bly in *Neruda & Vallejo: Selected Poems* (Boston: Becon Press, 1993).

Outeursreg © 2025 DPB Snyman
Outeursreg foto's tensy anders vermeld © 2025 DPB Snyman en Wessel Oosthuizen
Outeursreg in gepubliseerde uitgawe © 2025 NB-Uitgewers
Outeursreg in gepubliseerde uitgawe © 2025 NB-Uitgewers
Eerste uitgawe in 2025 deur Tafelberg,
'n druknaam van NB-Uitgewers,
'n afdeling van Media24 Boeke (Edms.) Bpk.,
Heerengracht 40, Kaapstad

Omslagfoto: Johan Orton/Gallo Images
Omslagontwerp: Wilna Combrinck
Bladontwerp: Nazli Jacobs
Redigering: Jeanette Ferreira
Proeflees: André le Roux

Oorspronklik gedruk in Suid-Afrika
ISBN: 978-0-624-09234-6 (Eerste uitgawe, eerste druk 2025)

LSiPOD: 978-0-624-09611-5 (Eerste uitgawe, eerste druk 2025)

ISBN 978-0-624-09264-3 (epub)

"A nation's sporting performance, it's prowness or its ineptitude, like the behavior of its fans, has origins far removed from the closed universe of sport itself. Sport has deep roots in The Culture."

– Salman Rushdie

"Anyone who reads rugby journalism must be struck by how methodically it avoids confronting the spectator's experience of the game . . . The situation is absurd. For thousands of people, Saturday afternoons in winter form the climax of the week, an experience they afterwards stammer to talk about because they lack the words."

– J.M. Coetzee

"Is sport simply like sin: one disapproves of it but one yields because the flesh is weak?"

– Paul Auster

Skrywersnota

Ter wille van outentisiteit is plekname – waar die gebeure
voor 1994 afspeel – nie gewysig na die name wat tans geld
nie. Pejoratiewe wat behou is, het ten doel om pynlike as-
pekte van die Suid-Afrikaanse geskiedenis outentiek weer
te gee, nie om dit goed te praat, die gebruik daarvan te ver-
sterk of aan te moedig nie.

Inhoud

Inleiding

Ek wil bieg: Ek is twee en sestig jaar oud, en is buitengewoon lief vir rugby. Noem dit 'n obsessie as jy wil. Oor die WP. Oor die Stormers. Oor die Springbokke.

Ek is daardie ou wat voor die TV sit, of heen en weer stap en vir die spelers raad gee soos 'n omgekrapte Dok Craven langs Coetzenburg se oefenveld. 'n Nadenkende introvert wat op 'n pawiljoen opeens in 'n onredelike ekstrovert kan verander.

Ek gaan nie eens probeer skat na hoeveel rugbywedstryde het ek oor die jare heen al gekyk of oor die radio na geluister nie. Ook onbelangrike wedstryde, soos die een tussen WP en Grens die middag – 25 September 1998 – toe my ma oorlede is. Hoeveel kilometer het ek al agter rugby aangery? Die ure se rugbygesprekke met my vriende. Al die WhatsApp-boodskappe wat ek tydens wedstryde vir mense gestuur het. Al die notas en plakboeke wat ek gemaak het. Al die drank wat ek voor, tydens en ná wedstryde misbruik het. Hoeveel spanne het ek in my verbeelding gekies wat nooit sou kon speel nie? (Elke rugbyliefhebber met selfrespek is 'n amateur-keurder.) Op 15 Augustus 1992, die dag van Suid-Afrika se hertoelating tot internasionale rugby – die Springbokke het teen die All Blacks gespeel – is ek op Ellispark aangerand toe ek geweier het om op te staan en saam met die skare "Die Stem" te sing.

Ek wroeg meer oor die Springbokke se losvoorspeler-kombinasie – ek kies Jasper Wiese, Pieter-Steph du Toit en Siya Kolisi – as oor die postmodernisme en kwantumfisika.

Of is hierdie boek dalk postmodernisties?

Een van my vroegste herinneringe is ek en Pa en Ma wat op die Coetzenburg-rugbystadion op Stellenbosch kyk hoe speel die Maties teen die Ikeys. Ek onthou die Maties se maroen truie en hoe die spelers heen en weer oor die veld hardloop, skrum en in die lynstaan spring; hoe Pa na een van die Matie-spelers wys, en sê: "Daai een met die ligte kop is Dawie de Villiers, Seun."

Hoe oud was ek toe? Vier? Vyf?

Daarna het ons gereeld op Coetzenburg rugby gaan kyk.

Dit was die begin van my verhouding met rugby. Ek kan dit seker as 'n soort liefdesverhouding beskryf, 'n onstuimige een met al die nodige drama, meer dikwels dalk melodrama, wat daarmee gepaardgaan. 'n Mens sou kon sê ek het op rugby verlief geraak met dieselfde drif as waarmee ek later op Elma Theron in matriek verlief geraak het, sonder om vrae te vra en te dink oor die ontwrigting wat dit kan veroorsaak.

'n Mens besef dit nie dadelik nie. Jare het verby gegaan voor ek besef het ek moet myself seker maar aanvaar vir wie ek is. Rugby sal vir my altyd meer as net rugby wees. Sê my verhouding met die spel nie ook iets oor ons kultuur en hoe baie van ons in hierdie land leef nie? Ek kan my lewe nie van rugby losdink nie. Rugby het iets met my identiteit te doen, die man wie ek is en word. "I am large, I contain multitudes." Wie het dit nou weer gesê? Walt Whitman?

Die dag waarop ek Elma Theron vir die eerste keer gesoen het, my eerste romantiese soen, het die Springbokke teen die Britse Leeus op Loftus Versfeld gespeel. Soveel belangrike gebeurtenisse in my lewe kan ek met 'n groot rugbywedstryd verbind.

'n Mens kry sowaar nog mense wat dink rugbyliefhebbers is oppervlakkig en vasgevang in wat die Romeine genoem het *panem et circenses*; brood en sirkusse. Op soek na bot vermaak, soos hokgevegte of rofstoei. Ons almal is nie só nie. In rugby is iets van die verskuilde elegansie van kuns, in vlees en bloed.

Teen die muur hier bokant my skryftafel hang 'n afdruk-
kie van daardie bekende skildery van Paul Gauguin waarop
hy drie van die lewe se mees fundamentele vrae uitgebeeld
het: Waar kom ons vandaan? Wat is ons? Waar gaan ons
heen?

Ek bedink by geleentheid daardie vrae, maar, soms as ek
my weer kom kry, het rugby my beet. Soos Nick Hornby
dit stel: "It's in there all the time, looking for a way out."
Hornby skryf oor sy liefde vir sokker, maar ek kan my ver-
eenselwig met wat hy sê.

My verhouding met rugby duur al langer as enige ander
aardse verhouding waarin ek nog uit vrye wil betrokke is of
was. Dit is die droewe waarheid.

Super-Springbok

My eerste rugbybal het ek by doktor Danie Craven gekry.
Of, wel, nie heeltemal by hom nie. Saam met Ma het 'n vrien-
din van Dok Craven in die Moederkerk op Stellenbosch se
kantoor gewerk.

Pa het op die ouderdom van een en dertig eers Teologie
gaan swot – hy was saam met Dawie de Villiers in die klas –
en ons het van Ma se inkomste geleef. Party dae het ons net
genoeg geld vir mieliepap en wors gehad om te eet, het Ma
vertel.

Siestog, die mense is reeds so arm, nou het hulle nog 'n
seuntjie ook, het die vrou in die kerkkantoor dalk gerede-
neer. Toe vra sy vir Dok Craven vir 'n ou rugbybal, wat sy
vir Ma gegee het om vir my te gee.

Ek het daardie Dok Craven-bal bevat en bevoel en daar-
aan geruik en my vingers laat gly oor die dofrooi letters
daarop: *Super-Springbok*. Die bal het vir my na iets lewends
gevoel.

Saans het daardie bal saam met my op die bed geslaap.

Siddie! Siddie! Siddie!

Daniëlskuil is een van die dorpe waarop ek grootgeword het. Iemand moes.

Ek was agt jaar oud toe ons soontoe getrek het. Dit was Pa se tweede gemeente. Dit was voor die koms van televisie. Ons het Saterdagmiddae oor Radio Suid-Afrika geluister hoe saai Gerhard Viviers 'n toets of 'n ander belangrike wedstryd uit. Ek sien ons nog daar in die kombuis sit, ek en Pa, met die Supersonic-radio voor ons op die tafel, asof die rugby 'n maaltyd is waarmee ons bedien word.

Sal 'n mens ooit daardie stem vergeet? Gerhard Viviers: "... en Syd Nomis het die bal en daar trek Siddie! Siddie! Siddie! En hy druk hom! Syd Nomis druk hom langs die pale, langs die pale."

Op sulke middae het Daniëlskuil nie gevoel na 'n gehuggie iewers tussen Kimberley en nêrens in die Noord-Kaap nie. Ons was deel van die land en die wye wêreld anderkant die klipperige koppies rondom die dorp.

Eindstryd

Die eerste provinsiale wedstryd waarna ek gaan kyk het, was die Curriebeker-eindstryd tussen Griekwas en Noord-Transvaal in Kimberley. 26 September 1970.

Die oggend ry ek en Pa by die huis weg in ons blou Mercedes 220S. Kimberley toe. By my voete is die Tupper-ware-bak met die padkos in wat Ma vir ons gemaak het: kaas-en-tamatie-toebroodjies, frikkadelle en hardgekookte eiers, 'n jammerlappie in 'n plastieksakkie daarby.

Ma wou nie saamkom nie. "Gaan julle manne liewer."

Dit het gevoel of iets belangriks tussen my en Pa moet gebeur.

Oor die Mercedes se radio speel musiek. Pa draai die klank harder toe The Bats "Vat hom, Dawie" sing: "Vat hom, Dawie. Vat hom laag . . ." Altyd wanneer daar rugby op 'n Saterdag is, speel hulle dié liedjie oor die radio. "Skop die bal, Tiny. Skop hom ver . . ."

In die week kry ons elke dag *Die Volksblad* op Daniëls-kuil. Wanneer Pa daarmee klaar is, lees ek dit. Elke dag is daar berigte oor die Curriebeker-eindstryd in. Noord-Transvaal is die gunsteling om die beker te wen. Hulle het agt Spring-bokke in hul span. Een van hulle is Frik du Preez. Die Griekwas het net twee Springbokke: Piet Visagie en Mannetjies Roux. Piet van Deventer is later in daardie jaar vir die Springbok-toerspan na Brittanje gekies.

Anderkant Barkly-Wes hou Pa by 'n piekniekplek langs die pad stil: 'n sementtafel en -bankie onder 'n peperboom, 'n ronde sement-asdrom eenkant. Lekker staan ek en Pa en eet. Party mense wat verby ry, druk die toeter. Hulle waai vir ons en ons waai terug.

In Kimberley parkeer Pa ver van die stadion af. Oral in die strate en op die sypaadjies staan karre geparkeer. Die huise het rooi voorstoepe en silwergeverfde tuinhekkies.

Saam met 'n klomp mense stap ons in die rigting van die vier spreiligte wat op stellasies oor die stadion uittoring.

"Griekwaaas!" roep 'n oom naby ons. Onder sy arm knyp hy 'n plat kussinkie vas met 'n dowwe afbeelding van 'n Springbok-wapen daarop.

"Noord-Transvaaaaal!" brul 'n ander een. "Nou die blou-ou-ou!"

By die toegangshek dam die mense op. Pa kon net op 'n pawiljoen sonder 'n dak vir ons kaartjies kry. Hy dra 'n Bobby Locke-pet en ek 'n laphoedjie wat Ma gemaak het.

Ons skuif verby mense se bene tot by ons sitplekke.

By die huis is Pa soms nors en stil, vir dae lank, asof hy knaend aan iets dink wat hom kwaad maak. Maar nou is Pa 'n ander Pa. Hy gesels met die mense rondom ons en lag.

Almal op die pawiljoen staan op toe Noord-Transvaal en die Griekwas met hul streeptruie op die veld draf. Mannetjies Roux is die Griekwas se kaptein.

"Sien jy daai hokkie daar op die pawiljoen se dak, Seun?"
Pa wys na die hoofpawiljoen aan die oorkant van die veld.
"Dis waar oom Gerhard Viviers sit wat die rugby oor die
radio uitsaai."

Piet Visagie skop af, en dit voel of ek deel word van iets
groters as ek. Almal hier rondom ons is een lewende ding:
ons op die pawiljoene en die spelers op die veld.

Een van die Noord-Transvaal-spelers kry seer. Hy bly op
sy rug op die veld lê.

"Skiet hom, moenie lat hy ly nie!" skree iemand.

Pa lag, almal lag, terwyl twee noodhulpmanne na die be-
seerde speler toe draf.

Die pynpolisie, noem die mense die noodhulpmanne. Hulle
vat en voel aan die speler se knie en help hom regop. Een
gee vir hom 'n bottel water aan. Die speler drink daarvan en
gooi die res van die water oor sy kop uit, skud sy kop 'n
paar keer, en draf kruppel-kruppel terug na sy spanmaats
toe.

Met minder as vyf minute oor, is Noord-Transvaal nog met
een punt voor: 9 – 8. Toe kry Griekwas 'n strafskop. Peet
Smith, die een Griekwa-flank, gaan pale toe skop, 'n ver skop
uit ons eie halfgebied. Dit word stil op die pawiljoen. Ons
tree saam met Peet Smith terug vir die skop.

"Lig julle voete op lat dit nie aan die pawiljoen raak nie,
ou grootman," sê die oom langs my. "Dan gaan hy hom oor-
skop."

Ek en Pa lig nie ons voete nie.

En Peet Smith kom vorentoe. En hy skop. En ons wil en

wens die bal deur die lug, reguit pale toe. In die kommentaar-hokkie roep Gerhard Viviers seker nou: "Dis 'n mooi skop, dis 'n netjiese skop, dis 'n pragtige skop, en hy is tussen die pale deur!"

11 − 9 vir die Griekwas.

Toe blaas die eindfluitjie.

Mense storm op die veld. Twee spelers dra Mannetjies Roux op hul skouers kleedkamer toe. Die mense probeer aan hom en die ander spelers raak. 'n Oom kniel agter die doel-lyn en soen die gras.

Pa hou my hand vas terwyl ons tussen die mense van die pawiljoen af klim, trap vir trap vir trap. Ek raak agter. Pa stap vinniger as ek. En toe, tussen die lywe, glip my hand uit Pa s'n en Pa stap verder. Oral is mense, en Pa verdwyn tussen hulle. Die lywe druk en skuur teen my.

Pa! wil ek skreeu. Pa!

Ons almal hier is nie meer één nie. Soos netnou.

'n Oom buk by my. "Hoekom huil jy, boetman?"

"My pa is weg, Oom."

Pa verskyn tussen die mense met 'n breë frons tussen die oë.

"Jy het jou pa nou laat skrik, Seun," sê hy. "Vee af daai trane, en bly net by Pappa."

Ons stap terug tussen die mense in.

Ek stap langs Pa, en dié keer hou hy nie my hand vas nie.

Die rugbyskrywer Dan Retief het vir die *Diamond Fields Advertiser* oor daardie eindstryd verslag gedoen.

Die oom wat ná die eindfluitjie agter die doellyn gekniel en die gras gesoen het, het dit gedoen min of meer waar die Griekwa-vleuel Buddy Swartz twee drieë gedruk het. (Hy staan tweede van links in die middelste ry op die foto.) Ná die wedstryd het Retief met die oom gesels. Die oom het gehuil en geprewel: "Dankie, God, vir die Rooinek . . . twee drieë . . . net hier."

Swartz is Engelssprekend.

Ná vyf en vyftig jaar ken ek daardie Griekwa-span steeds uit my kop:

Tos Smith

Kat Myburgh

Koos Waldeck

Mannetjies Roux (kaptein)

Buddy Swartz

Piet Visagie en Joggie Viljoen

Denys Vorster

Peet Smith, Piet van Deventer

Jannie van Aswegen en Gert Scheepers

Soon Nel, James Combrinck, Braam Fourie

Popeye de Bruin

Phillip alias Popeye de Bruin, wat die hele seisoen vir die span op stut gesak het, is gekies om in die eindstryd te speel, maar hy het hom kort voor die wedstryd weens persoonlike redes onttrek. Braam Fourie van Kuruman het in sy plek gespeel.

Ek skryf die spelers se name in spanformasie neer, eers die agter-, dan die voorspelers. Dis hoe ek hulle onthou, elkeen in sy posisie. My eie mimetiese stelsel. Dit is my geheime talent: Jy kan vir my enige rugbyspan opnoem, slegs een keer, van die heelagter af tot by die loskopstut, en ek sal dadelik daardie span se name vir jou terug kan sê, alles deur die span in formasie te onthou. (Uiteraard praat ek slegs van internasionale- en provinsiale spanne.)

Wat het van Popeye de Bruin geword? wonder ek.

Argief

Ek het as kind 'n stapel plakboeke gemaak van rugbyberigte en -foto's wat ek uit koerante en tydskrifte geknip het. Die boeke lê hier by my op die tafel, skuins onder die Paul Gauguin-afdruk.

Maak kinders nog rugbyplakboeke? Myne – almal Lion Brand Cutting Books – het ek oorgetrek met bruinpapier, dieselfde papier as waarmee Ma my skoolboeke oorgetrek het.

Plak kinders nog foto's van hul helde en heldinne teen hul kamermure? Of het Facebook, X en Instagram plakboeke én tydskrif- en koerantfoto's teen mure vervang?

Teen my kamermuur op Daniëlskuil was Huisgenoot Sport-album-foto's van Piet Visagie, Frik du Preez en ander bekende spelers. Piet Visagie was my eerste rugbyheld. Of, soos Gerhard Viviers hom genoem het: Piet Viesasie.

Die grootmense het ook 'n ander naam vir Gerhard Viviers gehad: Spiekeries. Dit is glo wat Viviers gesê het wanneer jy hom groet: Spiekeries.

'n Ander vroeë herinnering is hoe ek op die sitkamermat op Daniëlskuil aan 'n plakboek sit en werk, dis al donker buite, en Pa speel 'n Leonore Veenemans-plaat op die radiogram in die sitkamer. Ma lees 'n Audrey Blignault-boek. Net dit onthou ek. 'n Oomblik van geborgenheid tussen my en Pa en Ma en die wêreld.

Ons fassinasie met rugby en ander sport het te doen met ons behoefte om helde te hê, skryf J.M. Coetzee in *Here and Now: Letters (2008–2011)*, die gepubliseerde briefwisseling tussen hom en Paul Auster. "This need is at its most passionate among boys young enough to have a flourishing fantasy life," skryf Coetzee. "I suspect that it is the residue of this juvenile fantasy that fuels adult attachment to sport."

Diep in ons is 'n ewige kind wat wil speel en homself as anders in die wêreld wil verbeel. Ons is nie slegs *Homo sapiens* nie, sê Johan Huizinga, die Nederlandse geskiedkundige. Ons is ook *Homo ludens*. Die spelende mens.

Ek het die plakboeke in 'n trommel gebêre en vir jare nie daaraan geraak nie. Van blyplek na blyplek karwei ek dit met my saam. Tot onlangs.

In die laaste ruk sit ek en blaai deur die plakboeke, en blaai en dink en blaai. Dit is seker wat toenemend met 'n mens gebeur wanneer jy ouer as sestig word: Jy soek met 'n sekere dringendheid na jou ware, egte self, en om jou ware self te probeer vind, probeer jy bepaal wie en wat jou gemaak het wie jy is.

Rugby sê iets oor my jeug én my oudword.

Rugby is 'n gedeelte van my storie hier op aarde.

Hoekom?

Ek weet nie wat beoog ek met hierdie boek nie. Miskien is ek net op soek na my lank verlore manlikheid. Of my manlikheid wat in hierdie politiek korrekte tye onder beleg is.

Ek is wie ek is, maar wie dít is, weet ek nie meer altyd nie.

Hoe verduidelik jy dit vir iemand wat nie van rugby hou nie? 'n Saterdag waarop 'n groot wedstryd gespeel word, is anders as ander Saterdae. Knaend dink jy: Vanmiddag of vanaand is dit Die Wedstryd. Iets wat jou na 'n hoër vlak van bewussyn lei, weg van jou daaglikse bekommernisse. Maar rugby is vir my meer as slegs ontvlugting.

"Why did football bring me so to life?" vra Frederick Exley. "Part of it was my feeling that football was an island of directness in a world of circumspection. In football a man was asked to do a difficult and brutal job and he either did it or got out" – Frederick Exley in *A Fan's Notes*.

Daar is niks vaags of retories aan rugby nie.

Plig

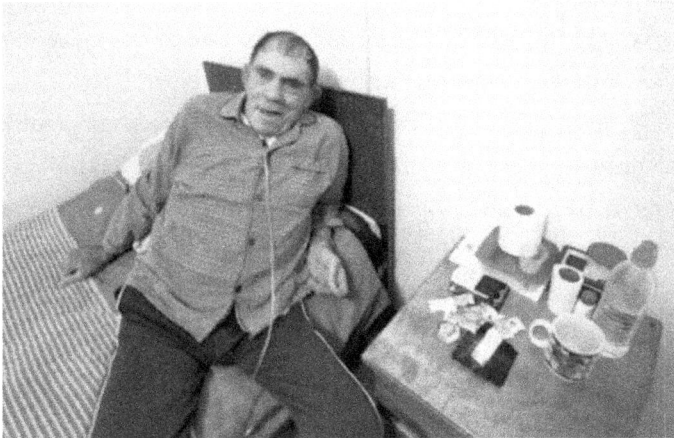

Oom Popeye trek hom regop op die bed. In sy neus is die twee pypies van die suurstofmasjien by die bed se voetenent.

"Ek moes kies." Sy stem is byna onhoorbaar. "Of my vrou. Of ek speel in die Curriebeker-eindstryd."

Hy is in sy kamer in Huis Japie Kritzinger, 'n tehuis vir bejaardes op Bloemhof, diep in die ou Wes-Transvaal. Ná vele foonoproepe het ek hom hier opgespoor.

Huis Japie Kritzinger lyk presies soos 'n Huis Japie Kritzinger behoort te lyk: 'n traliehek by die voordeur, Cobrablink teëlvloere, 'n vermanende spreuk teen die portaal se muur: *Heer, neem tog my tong, my hand en my hart en gebruik dit in u diens.* Die reuk van rys, vleis, kool en iets soos Johnson's-babapoeier in die lug.

Hier sit hy nou, een en sewentig jaar oud, gestroop van al sy waan; 'n bed, 'n stoel, 'n kas en 'n bordjie met sy naam daarop teen die deur: *Phillip de Bruin.* 'n Blokkies Joubert met 'n kop vol herinneringe.

Hy is Phillip gedoop, maar vir die meeste mense is hy Popeye – Popeye de Bruin, rugbyheld van weleer.

Hy het jare vir Griekwas op stut gesak, 'n onverskrokke kalant wat glo eenkeer die Springbok-stut Tiny Neethling tydens 'n wedstryd teen die WP laat uitroep het: "Daai man sal jou rug breek!" Het oom Popeye vandag rugby gespeel, was hy dalk 'n ryk man. Maar oom Popeye het tussen die rugbyspelery deur in die myn op Postmasburg gewerk om sy gesin te onderhou. Dis hoe dinge tóé gewerk het.

Wat sy grootste oomblik op die rugbyveld sou gewees het, het hy misgeloop. 'n Dag voor die eindstryd moet oom Popeye se vrou ingaan hospitaal toe vir die geboorte van hul tweede kind, 'n dogter.

"My vrou begin toe die Vrydagaand op Postmasburg te kraam." Die woorde kom hyg-hyg uit oom Popeye se mond. Hy kan nie die suurstofpypies uit sy neus haal nie. "Toe kom daar komplikasies, sy begin bloei. Toe moet ons met haar deurjaag Kimberley toe."

Kimberley, waar die Curriebeker-eindstryd die volgende dag sou wees.

"In Kimberley, toe sê die dokter vir my haar lewe is in

gevaar. Sy kan sterf. Hulle het haar toegepak met ys. Sy het baie gebloei. Ek het heelnag by haar gebly. Die Saterdagoggend, toe moet ek besluit: my vrou, of die Curriebekerfinaal."

Hy bly 'n lang ruk stil, 'n stilte begelei deur die suurstofmasjien se gebrrr.

Dis die jare se dekselse harde werk in die stowwerige mangaanmyn wat hom die emfiseem gegee het.

"Ek besluit toe, nee, my vrou en my tweede kind is vir my belangriker, en laat weet vir meneer Ian Kirkpatrick, ons afrigter, ek kan nie speel nie. Toe laat hulle Braam Fourie van Kuruman in my plek speel. Nadat ek al die ander wedstryde gespeel het."

En daardie middag, terwyl die Griekwas geskiedenis maak in die De Beers-stadion, skaars twee kilometer daarvandaan, toe sit oom Popeye langs sy vrou se hospitaalbed.

"Dit was 'n teleurstelling, maar wat kon 'n ou doen? So net ná vyfuur, toe kom my skoonpa daar aan, en hy sê: 'Raai wat, Popeye? Julle het die Beker gewen.' Ek het amper deur die hospitaal se dak gespring. Dit was darem my maats daardie. Gelukkig is my dogter darem toe gesond gebore."

Weer 'n lang brrr.

"Ek dink nog baie daaraan. Gereeld." Oom Popeye kyk my reguit in die oë. "Kan ek jou iets vra?"

"Vra maar, Oom."

"Wat sou jy gedoen het as jy ek was?"

"Oom het 'n mooi ding gedoen," is al eerlike antwoord wat ek kan dink om vir hom te gee.

Dis nou vyf en vyftig jaar gelede, en Griekwas het nog nie weer die Curriebeker gewen nie.

Oom Popeye is in 2018 in Huis Japie Kritzinger oorlede.

Stryd van die reuse

Op Daniëlskuil het ek steeds die Super-Springbok-bal gehad wat van Dok Craven af gekom het. Maar een oggend toe ek buite kom, lê ons boerboel Glenda, 'n befaamde rondloper en skoenvreter, op die stoep aan die pap bal en kou.

Pa het vir my 'n nuwe rugbybal in Kimberley gekoop, 'n Bokkie nommer vyf. Hoeveel keer het ek met daardie Bokkie nommer vyf onder my arm in die sementpaadjie voor die pastorie afgedraf en my verbeel ek is op Coetzenburg of Nuweland? Die pastorie was dan nie meer 'n pastorie nie. Dit was 'n pawiljoen stampvol mense gepak. En ek was nie meer ek nie. Ek was om die beurt Piet Visagie, Frik du Preez of een van die ander Springbokke.

Eers sit ek die bal op die middellyn regoor die bedding krismisrose neer en gluur na die vyftien All Black-spelers oorkant my. Ek begin die wedstryd met 'n skepskop, maar dis nogal 'n probleem. As jy skepskop, moet die bal eers die grond raak, punt eerste, voor jy dit skop. Soms was my skepskoppe 'n flop, want as jy agt jaar oud is, is jou hand-en-oog-koördinasie nog nie goed nie. Partykeer skil die bal van my voet af, of ek skop dit heeltemal mis. Dan tel ek die bal op en word Frik du Preez, en daar trek Frik met Gerhard Viviers wat in my kop uitsaai, en Frik hardloop, verby die roosbed-ding hardloop hy, en pass die bal vir Mannetjies Roux, en Mannetjies Roux gaan deur 'n gaping en hy hardloop en hy hardloop, hier kom 'n drie, hy moet hom kry, hy gaan hom kry, hy druk die bal langs die voëltjies se drinkbak in die tuin. En die skare juig!

Is daar 'n vervyf- of 'n strafskop, word ek Piet Visagie. Met my twee hande gaan skep ek grond in die dahliabed-ding, maak 'n hopie op die grasperk en plaas die bal daarop.

"En Piet Viesasie stel die bal, en tree terug. Dis 'n pragtige middag, nie 'n windjie wat waai nie. Die vlae hang stil. En Viesasie kom vorentoe. En hy skop. Wat gaan die bal maak?" Die bal trek laag oor die frangipaniboom, wat nou in rugby-pale verander het. "Hy is suiwer tussen die pale deur. Alla-wêreld, Viesasie sit vandag weer nie 'n voet verkeerd nie."

Dat ek eendag 'n skrywer sou word, het ek nie geweet of oopoog oor gedroom nie.

Ek wou vir die Springbokke speel.

Party dae het ons huishulp Souf haar seun Bernard saam met haar werk toe gebring, dan het ons met my rugbybal op die grasperk gespeel. (Ek weet steeds nie wat Souf se van was nie. Dit was moontlik 'n gewone Afrikaanse van; sy was van Griekwa-afkoms.) Maar Bernard wou net die hele tyd die bal skop. Dis omdat die swartes nie rugby speel nie, hulle speel net sokker, is ek gemaak glo.

Sal ek vertel wat het ek een middag met Bernard gedoen?

Betogers

Daniëlskuil het nog nie 'n Springbok opgelewer nie, maar ons het destyds darem vir tannie Coenie Bredenkamp gehad, die naaste wat die dorp aan 'n rugbypersoonlikheid kon kom. Tannie Coenie was Pa se gemeente se orrelis én Gerhard Viviers se suster.

Dit het ons laat voel of ons 'n persoonlike belang by die Springbokke het, veral toe die span deur Brittanje getoer het met Dawie de Villiers as kaptein. Van November 1969 tot Januarie 1970. Byna drie maande het ons Saterdae en soms op 'n Woensdag daar by die kombuistafel gesit en luister hoe saai Gerhard Viviers wedstryd ná wedstryd uit.

"Die Betogertoer", het die koerante dié toer gedoop omdat honderde, dalk duisende mense, veral studente, daar oorkant teen die toer betoog het. Peter Hain, 'n Brit, het die betogings georganiseer.

Vir my was 'n betoger iemand om voor bang te wees. Soos 'n terroris of 'n kommunis.

Hain is 'n kommunis en 'n vyand van Suid-Afrika, ek moenie van hom hou nie, is ek gemaak verstaan. Die kommuniste wil ons land hê. Hain en die ander betogers wou hê die toer moet afgestel word en het die wedstryde probeer ontwrig.

Alles oor ons regering se beleid van apartheid. Hulle wil hê die swartes moet kan stem en tussen ons kom bly, nie in die lokasie nie.

In *Die Volksblad* was 'n foto van Hain waar die Britse polisie hom dra nadat hulle hom in hegtenis geneem het.

"Dis reg," sê Pa toe hy dit sien. "Smyt die kommunis in die tronk."

Hoewel die Springbokke vier toetse – teen Engeland, Skotland, Ierland en Wallis – en teen twee en twintig ander spanne op die 1969/'70-Betogertoer gespeel het, was al daardie spanne vir ons eintlik slegs een span: Die Engelse. Die Engelse wat sewe en twintig duisend vroue en kinders in die konsentrasiekampe in die Anglo-Boereoorlog laat sterf het. Dit was weer ons teen die Engelse. Onafgehandelde sake.

Daarom het elke wedstryd na 'n wraakwedstryd gevoel.

Ek onthou dit vaagweg, daardie emosies sit diep in my: Jy kan nie 'n Engelsman vertrou nie. Die Engelse dink hulle is beter as ons Afrikaners. Hulle hou meer van krieket as rugby. (In baie Afrikaanse skole is nie krieket gespeel nie.)

Nou gooi die Engelse boonop daar oorkant glasstukke en ander goed voor wedstryde op die veld sodat die wedstryde nie gespeel kan word nie, nes hulle glo glasstukke in die vroue en kinders se kos in die konsentrasiekampe gegooi het.

"Takhare," het Gerhard Viviers die betogers dikwels genoem omdat baie van die betogende mans lang hare gehad het. Beatles-styl. Permissief.

'n Goeie Afrikanerseun dra sy hare kort, sommer borselkop. Dit is soos dit was. Jy praat nie teë nie. By die skool het die onderwysers gereeld haarinspeksie gedoen. Is jou hare te lank, is daar moeilikheid.

Spiekeries

Op 'n Sondagoggend het die gemeentelede tannie Coenie Bredenkamp buite die kerk voorgekeer om te hoor hoe dit met haar broer saam met die Springbokke in Brittanje gaan.

Ek hoor nog daardie koor verontwaardigde stemme rondom tannie Coenie voor die kerk.

"Het jy al iets van Gerhard daar oorkant gehoor, ou Coenie?"

"Hy het nou die aand gebel. Uit Londen uit. Hy sê hulle kan snags nie 'n oog toemaak nie."

"Haai, mens. Dis vreeslik."

"Gerhard sê die betogers trek buite hul hotel saam en slaan op blikke en maak deur die nag lawaai."

"Gooi hulle regtig glasstukke op die veld waar die Springbokke moet speel, Coenie?"

"Dis die reine waarheid, Oom. Gerhard sê ons sal al die haat wat hulle moet deurstaan, nie glo nie. En eintlik wil hulle net rugby speel."

"Dit is wat ek ook nie kan verstaan nie. Rugby het niks met politiek te doen nie."

"Sê vir Gerhard hulle moet daai klomp hier na ons toe stuur dat ons hulle maniere leer, ou Coenie. Ek kyk so na die foto's in die koerant. Ek sal daai klomp takhare saam met my skape moet dip om hulle skoon te kry."

"Gerhard sê die kommuniste sit agter dit als, Oom."

"Hulle wil oor die hele wêreld heers. As die kommuniste oorneem, mag jy niks besit nie. Als is dan die staat s'n."

"Gelukkig is hulle darem nie almal kommuniste nie, Oom. Gerhard sê 'n Kaapse kleurling wat daar oorkant woon, het na hulle toe gekom en gesê, 'Jammer, basies, vir die gedrag van dié mense.'"

"Sê vir Gerhard ons dink aan hulle in ons gebede, ou Coenie."

"Ek maak so, Oom. Ons sal hulle met ons gebede hierdeur dra."

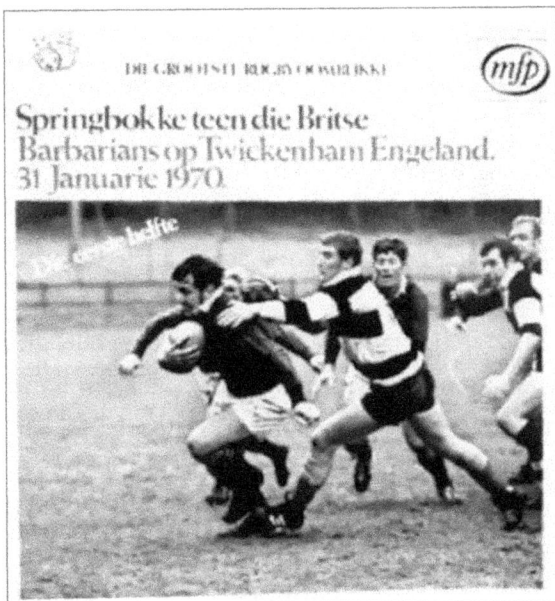

DIE GROOTSTE RUGBYOOMBLIKKE (mfp)

Springbokke teen die Britse Barbarians op Twickenham Engeland. 31 Januarie 1970.

Jannie! Jannie! Jannie!

In die trommel waarin ek my plakboeke gebêre het, het ek 'n paar langspeelplate met klankopnames van ons grootste rugbyoomblikke op. Een van daardie plate het ek laat aflaai op 'n CD. 'n Mens kan daarop hoor hoe saai Gerhard Viviers die laaste wedstryd van die Betogertoer in Januarie 1970 uit: Die Springbokke teen die Britse Barbarians, 'n wedstryd wat die Bokke met 21 – 12 gewen het. Die hoogtepunt van 'n nagmerrie van 'n toer.

"Die room van die Britse eilande," het Viviers die Barbarians daardie dag beskryf. Omtrent al die beste Britse spelers was in die Barbarian-span: Gareth Edwards, J.P.R. Williams, Barry John. Legendes, almal van hulle.

Jan Ellis, ons rooikopflank, het daardie dag twee drieë gedruk.

"Jannie! Jannie! Jannie!" roep Viviers toe Ellis die tweede drie druk. "Jan Ellis sit die bal neer met een van daardie groot, besproete hande van hom. Dis 'n mooi drie, dis 'n pragtige drie, dis 'n netjiese drie."

Ons was en is gefassineer met party spelers se hande: die grootte daarvan. Jan Ellis se hande. Ook Frik du Preez s'n, waarvan ek al 'n foto geneem het. Ons het geglo Ellis kan die helfte van 'n Super-Springbok-rugbybal toevat met een van sy hande. ("Daardie man se hande is mos 'n wonderwerk. As jy hulle so bekyk, lyk hulle net soos twee geslagte hoenders," het Frik du Preez eenkeer in 'n onderhoud Ellis se hande beskryf.)

"Nou wil ek vir u sê, wanneer die Springbokke huis toe kom, kom groet hulle op Jan Smuts-lughawe," nooi Gerhard Viviers ons aan die einde van daardie Barbarians-opname. "Hierdie spelers het meer as rugby gespeel op hierdie toer. Baie, baie meer as net rugby. Hulle was skitterende ambassadeurs vir Suid-Afrika. U sal nooit besef hoe moeilik hierdie toer was, hoe onaangenaam dit met al die betogings was nie."

Toe vra Viviers vir sy SAUK-kollega Daan Eksteen om 'n paar woorde te sê.

"Vanaand voel ek hartseer saam met die Springbokke, die manne het ook trane in hulle oë, albei kante," val Eksteen weg met 'n stem waarin die hartseer klots. "Met hulle pragspel het . . . het . . . hulle iets vir Suid-Afrika gegee wat ons seker nie kan . . . besef nie."

Toe verdrink die woorde in Eksteen se mond.

Viviers, self bewoë, sluit toe maar namens Eksteen af: "Nou ja, ek voel net so bewoë soos Daan Eksteen. Om te dink dat hierdie spelers hier onder die pawiljoen moet staan en sien hoe die jong mense met hul takhare . . . daar oorkant die veld . . . die polisie met kussings en allerhande los . . . voorwerpe gooi."

En ek en Pa sit by ons kombuistafel op Daniëlskuil, 'n paar duisend kilometer van Londen af, en Pa sê: "Pappa is so bly jy is nie soos daai klomp nie, Seun."

Sonde

Die Springbokke het vyf wedstryde op daardie 1969/'70-Betogertoer verloor, insluitende die toetswedstryde teen Skotland en Engeland. Teen Wallis en Ierland het hulle gelykop gespeel.

Die betogings het die span op allerhande maniere benadeel. Party mense het boonop 'n ander rede vir die verloorwedstryde aangevoer.

In die *Sunday Times* van 14 Junie 1970 verskyn 'n brief van ene Gert Yssel, 'n skoolhoof. (Die koerant sê nie waar Yssel 'n skoolhoof was nie.)

To us in South Africa, rugby is really a god with a small letter, and to be defeated like that: the mishaps, the players who were injured — it was abnormal, skryf Yssel. *God spoke to us. The people of South Africa are sinning against God by these shameful dresses — miniskirts. God took the matter up and He is punishing us. Miniskirts are the outstanding sin in South Africa.*

Bourgarel

In 1971 het die Franse in die land kom toer en twee toets-wedstryde teen die Springbokke gespeel. Een in Bloemfontein en een in Durban.

Party mense was ontevrede oor die toer. Die Franse het 'n swart man in die span gehad: Roger Bourgarel. 'n Vleuel.

Ek hoor nog oom Andries Grové, voorsitter van die plaaslike tak van die Nasionale Party, op sy stoep vir Pa sê: "Die regering moet net een ding weet: As jy vir die swartes eers die pinkie gee, wil hulle netnou die hele land hê."

By die skool het die kinders 'n rympie oor Bourgarel opgesê.

Pa het saam met sy een vriend, oom Gert van der Ryst, na die toets teen die Franse in Bloemfontein gaan kyk. Daar was nie vir my 'n kaartjie nie. Ek het alleen by die kombuistafel na Gerhard Viviers sit en luister hoe Frik du Preez met die bal daar in die Vrystaat-stadion hardloop, op pad doellyn toe, totdat Bourgarel hom sowaar by die kantlyn uitgeduik het. En die skare sug en swets binnensmonds. Dit is nie net een goeie rugbyspeler wat 'n ander een op die veld platgetrek het nie. Bourgarel se tackle was 'n oorwinning vir die kommuniste en apartheid se teenstanders. Dit is hoe dit destyds in hierdie land was. Jy is vír ons, of jy is 'n liberalis of kommunis en teen ons.

Nie dat ek toe al alles so kon beredeneer nie. Ek was nege

jaar oud en het almal rondom my se menings en vooroordele my eie gemaak, sonder om vrae daaroor te vra. 'n Kind word gesien en nie gehoor nie. Hy luister net wat die grootmense vir mekaar sê en doen wat hulle doen.

Ek kan steeds daardie Bourgarel-rympie opsê:

> Bourgarel, my swarte pêl
> vlieg na die hel
> met Super Shell.

Ek is 'n gebreinspoelde wat steeds moedig, ná meer as vyftig jaar, myself probeer ontspoel van rassisme. Maar is dit nie om soos verslaaf aan alkohol te wees nie? Jy begin elke dag van voor af.

Op een van die foto's van Bourgarel wat destyds in die koerant verskyn het, lyk dit of hy pas 'n toeskouer – 'n wit

seun – se hand kon geskud het. Nogal 'n dwars ding om in 1971 in hierdie land te doen. In die meeste stadions is "nie-blankes" nie toegelaat nie. Of moes ons swart mense in daardie jare "bantoes" noem? Of "naturelle"? Jy is amptelik deur die regering voorgesê wat jy 'n swart mens behoort te noem.

'n Ander tyd, ja. Advokaat John Vorster was die eerste minister, en Nelson Mandela was reeds elf jaar in die tronk. Dit was 1970, die jaar van Joost van der Westhuizen se geboorte. Die jaar waarin die Wet op Burgerskap van Bantoe-tuislande van krag geword het, wat beteken het 'n swart mens kon net in een van die land se tien tuislande bepaalde regte hê. Die jaar toe die Ontugwet en honderde ander apart-heidswette en -regulasies steeds gegeld het.

En die Springbok- en provinsiale spanne het uit slegs wit spelers bestaan. (Of die spanne waarvan ek bewus was.)

Daarom is dit vir my belangrik om te weet of daardie wit seun wel Bourgarel se hand geskud het. 'n Klein daad van vriendskap in 'n tyd toe Bourgarel deur ons regering tot "ereblanke" verklaar is sodat hy saam met sy spanmaats hier kon toer en snags in die slegs-blankes-hotelle kon oornag. Apartheid op sy banaalste.

Wessel Oosthuizen, veteraansportfotograaf, het daardie foto van Bourgarel geneem.

Daar is hoegenaamd geen twyfel nie, sê Wessel toe ek hom bel en oor die foto uitvra. Die wit seun het beslis Bourgarel se hand geskud. Hy het sy kamera se knoppie net 'n oom-blik te laat gedruk.

Dit is vir my aangenaam om dit te weet.

Berusting

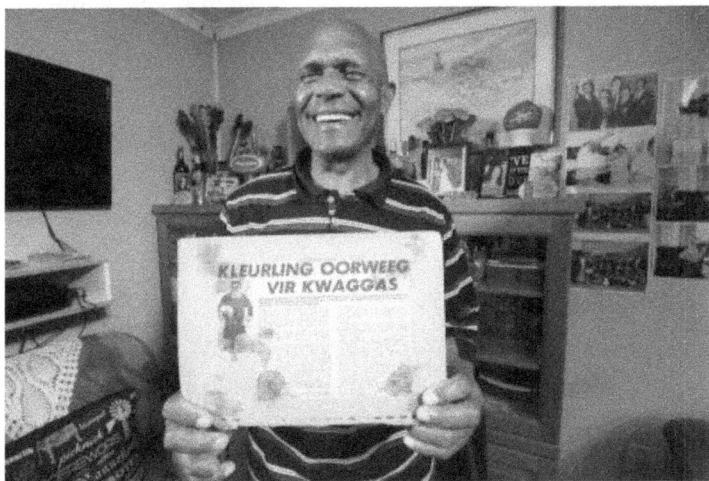

Hy bring die stapel plakboeke wat hy oor die jare heen ge-maak het.

John Noble blaai een oop, en daar staan die opskrif op 'n uitgeknipte koerantberig: *Kleurling oorweeg vir Kwaggas*. Bruin en swart mense speel toe al die tyd rugby.

Ons wat in die noorde van die land woon, is daaraan herin-ner wanneer hier 'n toerspan gekom en teen die SA Federasie ('n bruin span) en die Luiperds ('n span bestaande uit swart spelers) gespeel het.

"Ek was klaar in die span, het hulle vir my gesê." Oom John – op die bank in sy sitkamer in Cloetesville, een van Stellenbosch se eenkantbuurte – glimlag wrang. "Maar toe besluit Piet Koornhof, die minister van sport, ek kan nie saam met die wittes speel nie."

Het hy gespeel, sou dit oom John die eerste niewitte gemaak het wat in 'n eersterangse wit span speel. In die geskiedenis.

"Dit het seergemaak." Oom John trek sy skouers op. "Baie."

Hy is op Stellenbosch gebore en het later as bode by die universiteit gewerk. Maar hy kon nie, soos ek as jongeling saam met Pa en Ma, op 'n Saterdag op 'n pawiljoen op Coetzenburg gaan kyk hoe speel die Maties nie.

"Die kleurlinge het diékant gesit en die wittes daardie kant," vertel oom John, wat al een en sewentig is. "Ons het nie onse eie pawiljoen gehad nie. Ons het op klippe gesit. Dit was swaar jare daai."

Hy het wel in 1974 teen Willie John McBride se Leeu-span vir die SA Federasie gespeel.

"Natuurlik sou ek graag vir die Springbokke wou speel, maar in 1981 toe Errol Tobias die eerste bruin Springbok geword het, was ek al oor my beste. Ek was toe ook nie meer goed genoeg vir die WP nie. Ek kan darem sê ek is die eerste bruin man wat 'n drie op Nuweland gedruk het. Ek het toe vir die SA Federasie gespeel.

"Maar op my beste was ek goed genoeg vir die Springbokke. Ek weet dit. Ek weet dit. Ek het teen die Leeus, teen

J.J. Williams, gespeel en hy het nie een keer by my verby gekom nie.

"Ek dink nog aan daardie jare, dan bid ek en sê vir die Here: 'Here, moet my net nie bitter maak nie.'"

Hy glimlag weer daardie verslae, droewe, hartseer glimlag van hom.

Harsingskudding

1971 was ook die jaar toe Frik du Preez uit rugby getree het.

Die *Huisgenoot* het 'n spesiale bylaag oor Du Preez gepubliseer om sy loopbaan te eer. Op die voorblad sit Du Preez in 'n Springbok-trui op 'n perd se rug. Op die middelblad is seker een van die bekendste rugbyfoto's ooit, ook een wat Wessel Oosthuizen geneem het. Op dié foto tackle Frik du Preez die All Black-skrumskakel Chris Laidlaw. Byna soos 'n luiperd wat sy prooi vang, hang Du Preez oor Laidlaw, sy een vuis agter Laidlaw se kop. Albie Bates, Du Preez se spanmaat, klou aan Laidlaw se linkerbeen.

Ná daardie tackle het Laidlaw die veld met harsingskudding verlaat.

Ek en Bernard, Souf se seuntjie, speel toe weer een middag op ons grasperk met my rugbybal. Bernard wil die bal skop, ek wil hardloop.

Ek gee die bal vir Bernard, en sê: "Hardloop. Toe, hardloop." En ek dink aan daardie foto van Frik du Preez op Chris Laidlaw se rug.

Eers wil Bernard nie hardloop nie, maar toe hardloop hy,

en ek sit hom agterna, kaalvoet deur ons tuin. En ek hard-
loop hom van agter af in en verbeel my ek is Frik du Preez.

Ons al twee val. En Bernard se mond bloei. Hy spring op
my en druk sy plathand in my gesig dat my neus skeef buig.
En ek sê: "Jou kaffer!" en spoeg na hom. En hy spoeg my
terug en ons stoei vir nog 'n ruk. En toe lê ons net daar op
die grasperk, uitasem.

Die woede, ek onthou die woede in Bernard se oë.

Diep binne-in my het ek nie gedink hy sal terugbaklei
nie. Ek het nie swartes geken wat terugbaklei nie. Hulle
noem jou "baas" al is jy jonger as hy of sy, of "kleinbaas".

Hoekom het ek nie na Pa of Ma toe gehardloop en hulle
vertel wat het gebeur nie? Bernard het ook nie vir Souf daar-
van vertel nie. Of het hy?

Wat tussen my en Bernard gebeur het, laat my dink aan Toon van den Heever se klassieke kortverhaal, "Werkstaking by die kleigat". 'n Wit seun en 'n swart seun woon saam op 'n plaas. Op 'n dag, terwyl hulle speel, raak hulle aan die stoei en baklei.

Op die ou end bly al twee die seuns uitasem op die grond lê.

Dit was asof daardie twee seuns in die Van den Heever-storie skielik vir mekaar bang was.

Ná daardie dag het Bernard nooit weer by my kom speel nie.

Debuut

En toe begin ek self regte rugby speel. Vir die Laerskool Daniëlskuil se onder 11-spannetjie. In 1971.

Daniëlskuil het net een rugbyveld gehad, op die skouterrein, 'n harde stuk aarde waarvan die yl graslaag in die winter doodgeryp het met 'n hoenderstellasie van 'n pawiljoen aan die een kant. Die dorpspan het sy tuiswedstryde ook daar gespeel.

Ek was redelik onlangs op die dorp en die pawiljoen en die veld het omtrent niks verander nie.

Niemand het my gevra of ek wil rugby speel nie. Dinge is in daardie jare anders gedoen. 'n Seun in 'n Afrikaanse skool het byna nie 'n keuse gehad nie: Rugby sal jy speel, al is dit vir die vierde span. Net sissies speel nie rugby nie. Die outjies wat nie rugby speel nie, word biblioteekprefekte.

"Like everyone at school, he has also to play rugby," skryf J.M. Coetzee oor sy grootwordjare op Worcester. "Even a boy named Shepherd whose left arm is withered with polio has to play."

Baie is al geskryf oor hoe rugby in die verlede deur die Afrikanerleiers gebruik is om volkstrots op te bou en te ontwikkel.

Die Britse sportskrywer Frank Keating stel dit só: "Rugby is the mother's milk, the lifeblood, the elixir that fuels Afrikaner arrogance," in 'n artikel oor die Springbokke. "And clothed in their vestments of green and gold, the Springboks are religious icons and totems to the faith."

Neerhalend, hooghartig, tipies Brit, sê 'n stem in my sonder dat ek dit kan keer.

Die aard van die spel het bygedra tot die Afrikaners se aantrekkingskrag tot die spel, meen J.M. Coetzee. Enersyds beklemtoon rugby die stamina, krag, spoed en moed van 'n man – eienskappe wat verband hou met 'n brandende gevoel van nasionalisme. Andersyds word rugby beskou as 'n gentleman se spel wat klem lê op die morele dissipline van die leiers van die toekoms. Rugby as godsdiens vir die volk. Rugby maak 'n man van jou.

In my geheue is net brokstukke van my eerste rugbywedstryd oor. Ons het die middag teen Douglas, een van die buurdorpe, se onder 11's gespeel.

Meneer Van der Merwe, ons afrigter, het jou tydens oefeninge met sy fluitjie se toutjie oor die bene gepiets as jy nie vinnig genoeg by 'n losskrum kom nie.

Jy kon nie juis kies in watter posisie jy wil speel nie. Meneer Van der Merwe het namens jou besluit: Die vinnigste outjies was agterspelers, die kleinste outjie was die skrumskakel, die outjie wat die beste kon skop, was die losskakel. Die langste twee was die slotte, en die frisste of vettetjies was in die voorry.

Ek was oorgewig, my bynaam was oom Dik Daan. "Jy's 'n stut," het meneer Van der Merwe my na die voorry verban.

Ons stutte het gewoonlik laaste by 'n losskrum aangekom en nooit 'n drie gedruk nie. Omtrent niemand het ooit vir 'n stut die bal gepass nie. Dit het my gepas; ek was bang ek vang die bal mis.

Die kaptein was nie noodwendig 'n kind met leierseienskappe nie. Die beste speler in die span was die kaptein. Grobbies, ons agtsteman, was die kaptein. Hy het in standerd drie al 'n nommerseweskoen gedra. "Gee rug en pak saam, boytjies! Pak saam!" is hoe Grobbies ons – ook die agterspelers – op die veld aangemoedig het. Grobbies het standerd vier gedruip.

Ek onthou hoe ek in 'n oefening miltsteek gekry en 'n klippie langs die veld gaan optel en dit onder my tong gesit het om die steekpyn in my milt te laat verdwyn. (Wat is miltsteek?)

Ek onthou hoe ons die oggend op Daniëlskuil weg is Douglas toe, ek en Pa en Ma. Die koshuis- en party dorpskinders het met die skoolbus gery.

"'n Groot ou val harder as 'n kleintjie wanneer jy hom tackle," het meneer Van der Merwe ons in die spanpraatjie voor die wedstryd gerusgestel. Meneer Van der Merwe het ook gesê jy moet ons agt voorspelers met 'n kombers kan toegooi, so naby moet ons almal aan die bal en aan mekaar wees wanneer daar 'n losskrum vorm.

Ek onthou hoe die skrumskakel roep: "Voories, die bal kom, jaaa!" voor hy die bal by die skrum ingooi. Wanneer hy skree: "Jaaa!" dan druk almal.

Ek onthou hoe ek tydens die wedstryd gekyk het of ek vir Pa en Ma langs die veld kan sien.

Ek onthou die lemoenskywe – die lemoen is in vier stukke gesny – wat ons halftyd gekry het om te eet. 'n Outjie in die skool se kleurbaadjie het altyd die skinkbord met die lemoene vir die spelers gebring.

Ek onthou hoe ek in 'n losskrum die bal in die hande probeer kry het, en hoe ek my een knie nerfaf op die winterdooie gras val, en hoe Ma ná die wedstryd by die huis Mercurochrome aan die wond smeer.

Ek onthou 'n oom wat op die kantlyn gestaan en aanhoudend geskreeu het: "Die bal! Die bal!"

Ons het daardie wedstryd 20 – 0 verloor.

Mercurochrome

By die skool was 'n Mercurochrome-vlek aan jou arms of
bene 'n soort simbool van dapperheid: Jy was in die hitte
van die stryd. Jy is taf. Jy vat jou pyn soos 'n man. Het jy
'n verband of 'n knee guard gedra, het dit nog meer van jou
onverskrokkenheid gesê – in jou eie gedagtes. Ek het die
dag begeer wanneer ek 'n knee of 'n ankle guard skool toe
kon dra. Of 'n arm in gips kon wys. Ek sou dat elkeen wat
wou sy of haar naam op die gips skryf.

Die pynpolisie

Miskien sê die manier waarop 'n besering tydens 'n rugby-
wedstryd op die veld behandel word, iets van hoe die spel
oor die jare heen verander het.

Elke professionele rugbyspan het nou 'n dokter en 'n fisio-
terapeut wat saamreis. Kry 'n speler ernstig seer, is een van
hulle, of al twee, gou op die toneel. So 'n plat karretjie sal
dalk ook nader ry en so 'n plankding en 'n nekstut bring.

Anders as in die dae toe lede van die Suid-Afrikaanse Nood-
hulpliga 'n beseerde speler te hulp, wel, gesnel het, terwyl
Gerhard Viviers oor die radio verklaar: "Hier kom die nood-

hulpmanne nou op die veld gedraf met die watertjies . . ." Dit was altyd noodhulpmanne, al was een van hulle soms 'n vrou.

Hierdie ligamense het gewoonlik in pare gefunksioneer, in uniforms en soort van militêre pette. Party het 'n dofblou sweetpak met nou pype gedra, soms met blinkgepoetste swart Hush Puppies en wit sokkies daarby. Een van hulle het 'n leertas gedra. Die ander een was die draer van die wonderkuur: 'n waterbottel en 'n sak ys.

Dit het gelyk of daar net drie goed in daardie leertas was: Deep Heat, pleister en 'n skêr. Maar dié goed was 'n laaste moontlikheid. Eerstens het die ligamense die beseerde speler probeer regop kry. 'n Speler wat kon regop sit, was 'n speler wat nog kon speel ná hy goed met die watertjies behandel is. Só het dit gelyk.

'n Tawwe speler sou sommer self die waterbottel vat, water oor sy kop en nek uitgooi.

Soms het die ligamense nie 'n speler regop gehelp nie, dan het Gerhard Viviers gewoonlik oor die radio gesê: "Die man lê op die naat van sy rug in die middel van die veld. 'n Mens kan maar net hoop en vertrou dat hy sal kan voortgaan met die wedstryd." En as ys, water en Deep Heat nie gewerk het nie, het een van hulle na die kantlyn beduie die draagbaar – wat gelyk het soos dié wat in die Eerste Wêreldoorlog gebruik is – moet gebring word. Dan het dit stil geraak op die pawiljoene en het Spiekeries oor die radio gesê: "Daar word nou gevra vir die draagbaar . . ."

Dit was altyd 'n somber geleentheid wanneer 'n speler van die veld af gedra is, asof die draagbaar 'n kis was, terwyl die skare gedemp hande klap soos op 'n staatsbegrafnis.

'n Helder oomblik

Frik du Preez ontken dat hy Chris Laidlaw, die All Black op die foto, met die vuis agter die kop geslaan het. "Jy kan nie iemand slaan as jou voete in die lug is nie," is sy kort, kragtige verduideliking.

Wanneer jy oor hierdie foto van Wessel Oosthuizen praat, vergeet 'n mens skoon van Albie Bates (ook op die foto) se rol in Chris Laidlaw se harsingskudding. "Ek het maar net aan Laidlaw se been bly klou," sê oom Albie. "Maar Frik het hom beslis geslaan."

Wessel vertel hoe hy daardie oomblik ervaar het: "Ek het nie dadelik besef dis so 'n goeie foto nie. Ek het 'n Pentax-kamera met 'n 200 millimeter-lens gehad. Niemand sal deesdae met so 'n swak lens by 'n rugbywedstryd opdaag nie. Dit was moeilik, jy moes met die hand fokus en dan heeltyd op en af langs die rugbyveld hardloop, in 'n das en baadjie. Ek het vir *Die Vaderland* gewerk en die reël was: Op 'n Saterdag moet jy 'n das en baadjie langs die veld dra. Die hele wedstryd hardloop jy gebaadjie en gedas daar rond. Perskor was ook suinig. Jy het net vier of vyf rolletjies film gekry – met ses en dertig foto's elk op, anders as die nuwe digitale kameras het daardie Pentax ook nie outomaties gefokus nie. Jy moes hom met die hand fokus. Dit het ook nie 'n outomatiese sluiter gehad nie. Jy moes elke keer die hefboompie hier aan die kamera se bokant met die duim trek en só die film laat vorentoe rol terwyl nog sekondes verby gaan.

"Dit was in die tweede toets teen die All Blacks. Op Loftus Versfeld. 1970. Ek onthou dit vaagweg. Chris Laidlaw, die All Black-skrumskakel, storm weg met die bal in sy regterhand. Dis naby die halflyn. Ek lig my kamera. Vinger op die knoppie. Fokus. Frik du Preez sweef deur die lug. Vuis op Laidlaw se agterkop. Fokus. Albie Bates hang aan Laidlaw se linkerbeen. Druk knoppie. Hoop. Glo. Vertrou. Met daardie filmkameras kon jy uiteraard nie dadelik sien hoe lyk jou foto nie.

"Dieselfde aand nog het ek my films in *Die Vaderland* se kantoor in Johannesburg gaan ontwikkel. Jy het die hele tyd geworry, jy het nooit geweet of jy goeie foto's vir Maandag se koerant het nie. Maar toe ek daardie foto daar in die donkerkamer sien, toe weet ek . . . Ek het die foto, saam met nog ander, op die sportredakteur se tafel gaan neersit.

"Daardie tyd was fotograwe tweederangse werknemers by koerante. Dit sal almal jou vertel. Jy gee maar jou foto's vir hulle en hulle gebruik dit. Niemand sê ooit vir jou dis mooi of dis goed nie. Hulle praat glad nie met jou oor jou foto's nie. Die volgende oggend toe ek die koerant kry, toe sien ek dis darem op die voorblad, maar my naam was nie eers daarby nie.

"Frik du Preez het later een van die foto's vir my geteken – en daarby geskryf: 'Dankie dat jy my op die map gesit het met hierdie foto.'

"Ek het al met Chris Laidlaw deur 'n vriend van my in Nieu-Seeland probeer kontak maak, maar Laidlaw wil nie met my praat nie."

Hoffie Hofmeister, destyds *Rapport* se hooffotograaf, het ook 'n foto van daardie duikslag geneem, net uit 'n ander hoek:

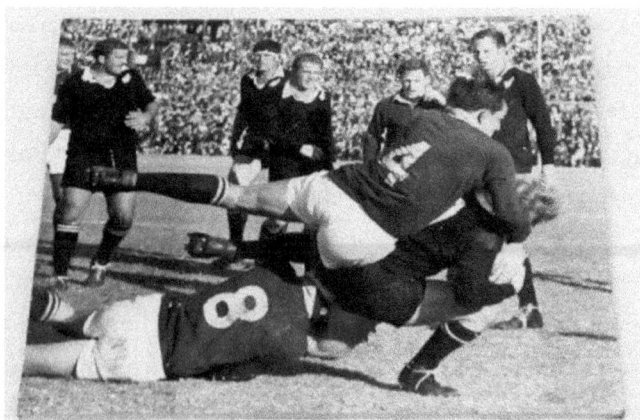

Jammer, Dominee

In 1974 het Pa 'n beroep na Naboomspruit aanvaar. Ons het Daniëlskuil verlaat en na die noorde van die ou Transvaal verhuis. My rugbydrome is saam.

In daardie tyd is dit byna van jou verwag om die provinsie waarin jy woon op die rugbyveld te ondersteun. Dit was maar net so. Jy moes lojaal aan jou streek wees. Ek kon nou nie meer 'n Griekwa-ondersteuner wees nie, ek moes Noord-Transvaal ondersteun. Miskien is dit omdat ek op Stellenbosch gebore is, maar ek wou Noord-Transvaal nie ondersteun nie. Die WP was my span. Die WP was ook Pa se span. 'n Seun het gewoonlik dieselfde span as sy pa ondersteun.

My tweede span was die OP. Dit is iets wat jy vandag nog hoor. Iemand sal sê: "Ek skreeu vir Noord-Transvaal, en die Vrystaat is my tweede span." 'n Span wat jy naas jou eie span ondersteun. (Omtrent almal se tweede span is Vrystaat. Dalk omdat die ander spanne so baie van hul spelers afrokkel.)

1974 was die jaar toe die Britse Leeus hier kom toer het, Willie John McBride se span. 'n Toer wat baie mense onthou, byna soos hulle die Slag van Paardeberg in die Anglo-Boereoorlog onthou – 'n veldslag wat die Boere verloor het.

Die eerste toets teen die Springbokke op Nuweland het die Leeus gewen. Toe kom die tweede toets op Loftus Versfeld en oom Johan Snyman, een van Pa se diakens en nie familie van ons nie, gee vir Pa twee kaartjies vir die toets. Ons kon ook sommer saam met oom Johan in sy kombi Pretoria toe ry. Pa was in elk geval skrikkerig om in Pretoria te bestuur, bang ons verdwaal, of hy ry in die verkeerde rigting in 'n eenrigtingstraat op.

Saam met ons in oom Johan se kombi ry twee ander dorpsooms: oom Bontes en oom Pep. Toe ons die oggend op Naboomspruit inklim, lê twee sakke nartjies op die kombi se middelste sitplek langs oom Bontes.

Pa sit voor langs oom Johan. Ek sit alleen op die kombi se agtersitplek.

Dit is vir my lekker hier tussen die ooms. Hulle is vol grappies. Ons luister na 'n Neil Diamond-tape. *Hot August night*. Ek voel soos een van die manne.

"Sing vir die baas, Neil," sê oom Johan agter die stuurwiel. "Sing vir die baas."

Pa en die ooms dink Neil Diamond is 'n swart man.

Hulle lag, en Pa lag saam. Oom Bontes haal twee nartjies uit die sakkie, en gee een vir oom Pep. Hulle skil die nartjies af. In die kombi hang skielik 'n soet geur.

Iewers anderkant Warmbad, naby die Radium-stasie, is 'n hotel. "Kan jy vir 'n man hier stilhou, ou Johnny, man?" vra oom Bontes.

"Is dit nie 'n bietjie vroeg om te begin nie, Bontie?" sê oom Johan en ry verby die hotel. Hy kyk na Pa. "Jammer, Dominee. Die manne is maar dors."

Oom Pep en oom Bontes het elkeen al twee nartjies geëet sonder om vir ons ander te vra of ons ook wil hê.

In Pretoria parkeer oom Johan op 'n sypaadjie tussen die ander karre. Rye en rye mense stap verby. Party het 'n verkyker om die nek.

"Wil een van julle 'n draai loop?" Oom Johan beduie na 'n geboutjie in die parkie oorkant die straat.

Pa stap saam met oom Johan soontoe.

"Wil jy nie saam met jou pa-hulle gaan pie nie?" vra oom Bontes.

Ek bly by die kombi staan.

Oom Pep haal 'n spuitnaald uit sy sak, soos dié waarmee 'n dokter jou inspuit. Hy kyk na my: "Jy sê niks hiervan nie, hoor, ou grootman?"

Oom Bontes het 'n kleinerige bottel by hom. Brandewyn, soos dié wat Ma in haar brandewyntert gooi. Oom Bontes skroef die bottel se prop af en oom Pep trek die spuitnaald vol. Een vir een spuit hulle die nartjies vol brandewyn.

Pa en oom Johan kom terug en ons begin in dieselfde rigting as die ander mense stap. Oom Bontes en oom Pep het elkeen 'n sakkie nartjies onder die arm.

Loftus se pawiljoene steek bokant die huise uit, baie groter as die De Beers-stadion in Kimberley waar ek en Pa al was.

Die lawaai word al hoe harder: roomysverkopers se klokkies, outjies wat nartjies verkoop, die skare wat op die pawiljoene hande klap en juig. 'n Voorwedstryd is aan die gang. Die SA Magte teen die SA Platteland.

Buite die hek staan 'n man en verkoop lapelwapens wat aan 'n kussinkie vasgesteek is. Op elke wapentjie is die Springbokke en van die groot rugbyprovinsies se wapens. Pa koop vir my een met die Springbok-wapen op en ek steek dit aan my hemp vas.

Ons het kaartjies vir die oospawiljoen. By die hek deursoek 'n man ons. Oupa Bontes en oom Pep het die sakkies nartjies weer mooi toegebind en die man laat ons ingaan. Oom Pep knipoog vir oom Bontes en wys met die duim.

Groen. Loftus se gras is 'n anderster groen. Helderder as ander groen.

"Bokke!" skreeu oom Bontes, asof hy sy teenwoordigheid in die stadion wil aankondig.

Ons stap nie alleen na ons sitplekke toe nie. 'n Penkop van die Voortrekkers in 'n bruin uniform lei ons soontoe.

Oom Bontes vat na die knipmes wat heen en weer aan 'n geel tou aan die Voortrekkertjie se belt swaai: "Lekker parraslagter wat jy hier het, ou grootman."

"Los die kind, Bontie," sê oom Johan. "Kom sit nou." Hy kyk na Pa. "Dominee, jy moet hierdie twee maar verskoon."

Pa glimlag net. Ek sit tussen hom en oom Pep.

In die gangetjie tussen die sitplekke kom 'n meisie aangestap. Sy het 'n minirok aan.

"Sjoe, as ek sulke bene gehad het, het ek op my hande geloop," sê oom Bontes vir oom Pep.

Opeens, oorverdowend, skiet 'n Mirage oor die stadion en verdwyn in die verte.

"Ek het mos vir die meid by die huis gesê sy moet die budjiehok toemaak," sê iemand agter ons.

Baie mense lag.

Die hoofwedstryd gaan byna begin. Die Gevangenisdiens-orkes tree voor die hoofpawiljoen aan. Hulle speel "Die heidelied" en marsjeer oor die veld.

'n Man kom oor die veld gehardloop. Hy het net 'n onderbroek aan en twee polisiemanne met honde jaag hom. Net voor die honde die man inhaal, klouter hy teen een van die regop pale by die oorkantste doellyn uit. Hy gaan sit op die dwarspaal terwyl die honde onder vir hom staan en blaf en die mense cheer.

Dan kom 'n stem oor die luidsprekers: "Dames en here, sal u asseblief opstaan? Sy Edele die eerste minister, advokaat John Vorster en sy gade, mevrou Tienie Vorster, het pas gearriveer." (Vroeër moes ons ook opstaan toe mnr. Ian Smith, die Rhodesiese premier, gearriveer het.)

Almal op die pawiljoene word stil en staan op. Party mans haal hul hoede of kepse af. Selfs die ou in die onderbroek staan stil en regop op die dwarspaal en kyk na die hoofpawiljoen waar die eerste minister en sy vrou nou arriveer, twee stippeltjies in die hoofpawiljoen se presidentslosie.

Ná 'n kort stilte sê die stem weer: "U kan maar weer plaasneem op u sitplekke, dankie."

'n Sersant met 'n stokkie onder die arm gaan praat met die man in die onderbroek op die dwarspaal. Hy beduie kwaai met sy arms. Later gly die man teen die paal af. Die sersant lei hom aan sy arm weg, voor ons pawiljoen verby. Almal cheer. Op die man in die onderbroek se bors staan met Shoe Shine geskryf: *Hallo, Ma*.

Toe kom die spanne op die veld gedraf. Eers die Leeus met Willie John McBride heel voor. In sy een hand hou hy 'n leeutjie van lap vas, die Leeus se gelukbringer. Hy sit die

leeutjie naby die middellyn op die gras neer. Al die Leeu-
spelers buk en raak daaraan voor hulle op die veld draf.

Oom Bontes skulp sy hande weerskante van sy mond,
en skree: "Boo-hoe-hoeeee!"

Die Springbokke kom uit die tonnel met Hannes Marais
heel voor. Ek fluit op my hardste. Langs my klap Pa hande.
Ek wil ook eendag só op die veld draf.

Gerald Bosch skop af, Willie John McBride vang die bal.
Daar is 'n losskrum. Toe het die Leeus se agterlyn die bal.
Hulle kom tot naby aan ons doellyn.

Die Leeus is sterker as ons. Gou gaan druk hul een vleuel,
J.J. Williams, 'n drie.

Oom Bontes spring op: "Boo-hoe-hoooeee!"

"Sit tog net, asseblief, Meneer," sê iemand agter oom Bontes.

"Jammer, Dominee," vra oom Johan weer verskoning.

Daar is nog net drie nartjies in oom Bontes se sakkie oor.

Een van die Leeus skop 'n hoë skop op Ian McCallum,
ons heelagter. McCallum vang dit mis.

"Gee vir daardie man 'n mandjie!" skreeu iemand.

Almal lag.

Halftyd staan almal op die pawiljoen op.

"Hei, moena!" roep 'n oom agter ons na 'n man in 'n wit
oorpak wat roomys verkoop.

Die man – die grys slaan al deur in sy hare – dra die koel-
boks met roomys in al twee sy hande. Hy sit die boks neer
en haal die deksel af. Die oom agter ons en ander mense kom
kies vir hulle 'n roomys.

"Wie hy gaan vandag wen?" vra die oom vir die roomys-
man. "Jy support hom seker die Lions?"

Die roomysman antwoord nie.

Die oom maak of hy hom klap. "Ekke vra vir jou die vraag, houtkop."

"Julle hy gaan wen, my baas."

Party mense lag lekker daaroor. Die roomysman lyk hartseer en vermy ons oë.

In die tweede helfte speel die Leeus ons almal op die pawiljoen stil. Was dit die Anglo-Boereoorlog, was dit daardie middag die Beleg van Pretoria.

Die Leeus wen die wedstryd 27 − 3, die grootse pak slae wat die Springbokke tot op daardie stadium in die geskiedenis gekry het.

In stilte ry ons terug Naboomspruit toe. Dit is al byna donker. In die kombi voel dit of ons van 'n begrafnis af terugkom. Oom Bontes sit met sy kop vooroor geknak. Dit was 'n gesukkel om hom van die pawiljoen af tot in die kombi te kry. Sy bene wou kort-kort onder hom invou.

"Verskoon my Frans, dominee. Maar daar verloor ons wragtig weer teen die donnerse Engelse," sê oom Johan toe ons op die oop pad is.

Pa en die ooms is steeds kwaad vir die Engelse oor die Boereoorlog.

"Ja, ou Johan," sê Pa. "Dit kan jy weer sê."

My Springbok-lapelwapen blink effens in die halfdonker van die kombi.

Ek kyk na oom Bontes en wonder hoe dit voel om dronk te wees. Voel dit asof alles rondom jou stadiger as gewoonlik gebeur? Want dis asof oom Bontes alles stadig doen.

In die verte is 'n dorp se liggies.

Oom Bontes lig sy kop en kyk na die liggies. "Hallo, Naboom."

"Ons is nou eers by Warmbad, ou Bontie," help oom Pep hom reg.

"Boe-hoe-hoe!" laat waai oom Bontes weer.

Oom Johan skakel die kombi se kassetspeler aan.

"Sing vir die baas, Neil," sê oom Pep. "Sing vir die baas."

Oom Johan skakel die speler weer af. Hy gaan laai my en Pa eerste by die huis af.

"Jammer, oom Doom," mompel oom Bontes toe ons uit die kombi klim. "Môreoggend sien jy my in die kerk."

Die volgende oggend gaan die hoofberig in *Rapport* oor die "kafferpak" wat ons op Loftus Versfeld gekry het.

Jan Ellis, die Springbok-flank, het daardie dag volgens die koerant manalleen teen die Leeus geveg. Jan Ellis is moontlik ook die enigste speler ooit na wie 'n nagereg, 'n poeding, genoem is. Die Jan Ellis-poeding.

1 teelepel koeksoda
357 ml bruismeel
125 ml suiker
'n knippie sout
125 ml melk
2 eiers
25 ml botter
30 ml appelkooskonfyt

Meng in oondpan en bak teen 180 grade Celsius vir 30 minute. Daarby kan jy 'n sous maak.

250 ml room
250 ml louwarm water
150 ml botter
250 ml suiker
30 ml appelkooskonfyt
5 ml vanieljegeursel

Volgens Ellis se vrou, Hyla, was hy baie lief vir poeding. Sy het die resep by 'n vriendin gekry wat dit weer by ene tannie Vossie van Stellenbosch gekry het.

In daardie tyd wou 'n tydskrif by Hyla weet wat Jan se gunstelingpoeding is, toe word dit Jan Ellis-poeding.

Koshuisbrak

In standerd ses het Pa-hulle my na die Hoërskool Nylstroom se koshuis toe gestuur. 1976.

Pa en Ma is lankal oorlede. Ek het hulle nooit gevra hoekom hulle my koshuis toe gestuur het nie. Voor hulle dit besluit het, het Pa my na 'n skoolsielkundige in Pretoria toe geneem, wat my allerhande vraelyste laat beantwoord en prentjies laat teken het. Daarna het die sielkundige lank met Pa gesels terwyl ek buite in die motor gewag het.

Daardie aand het Pa aangekondig: "Ons dink jy moet volgende jaar koshuis toe gaan, Seun."

Ek is nie juis 'n keuse gegee nie.

Ek dink Pa-hulle het my koshuis toe gestuur dat ek meer maats moet hê en minder in my eie kop moes leef. In standerd vyf het ek al my vakke net-net deurgekom. Skool het my nie geïnteresseer nie. 'n Enigste kind, het ek my eenkant gehou en een boek ná die ander gelees of ver ente alleen op my fiets gery.

Soms het dit vir my gevoel of my liefde vir rugby al is wat ek en die ander seuns gemeen het.

Toks

In standerd ses is ek vir die onder 14A's gekies. Stut. Weer stut.

Om stut op skool te speel, het jou laat voel jy is 'n vet kind, wat jy waarskynlik was.

Ons het nou in toks gespeel. Ek het Olympics gehad. Die meeste voorspelers het in Olympics gespeel, sulke swaar waens met hoekige punte en aluminium studs. Beytel, ons een vleuel wat in die kinderhuis was, het in Edworks-toks gespeel – die goedkoopste toks in die Edworks-skoenwinkel. Die kinders het hom Edworks genoem. Oor sy toks. Dit was eintlik toks waarmee die swartes sokker gespeel het.

Wegwedstryd

Pa en Ma het my nie meer na 'n wegwedstryd geneem nie. Ek het nou saam met die ander koshuiskinders in die bus gery. Met oom Arrie, die skool se faktotum, agter die stuurwiel.

Een rit in daardie ou bus onthou ek beter as die ander. Ek het eintlik so half en half daarvan vergeet, op die manier wat jy onaangenaamhede na jou onbewuste toe verdryf. Tot ek onlangs 'n skildery van Willem Pretorius gesien het. Goeie kuns bevry jou van jou donkerhede.

Ons het die dag teen die Hoërskool Piet Potgieter op Potgietersrus gaan speel.

Willem se skildery het my alles weer laat onthou.

Oom Arrie se simpel bus word deur 'n blou rookwolk agter-
volg. Die ou ding kom skaars teen die opdraande by die slag-
pale uit. Na Kranskop se kant toe begin die son opkom. Die
ryp lê wit op die gras.

"Looi hom, oom Arrie!" roep Boesman, die eerstespan-
kaptein, van agter af terwyl ons ander begin sing: "Omie, trap
die petrol dat ons vinniger kan ry. Ons wil see toe gaan . . ."

Oom Arrie sit krom oor die stuurwiel in sy stofjas en maak
of hy ons nie hoor nie.

Die son se eerste strale kleur ons gesigte rooi.

"Soek jy van dié?" Koegies hou 'n buisie Deep Heat na my
toe uit.

Ons sit in die middel van die bus: ek by die venster en Koe-
gies by die gangetjie tussen die banke. Koegies speel ook vir
die 14A's.

Ek neem die buisie Deep Heat by Koegies, draai die prop-
pie af en druk 'n lang lel Deep Heat oor my been uit. Aan die
oorkant van die gangetjie sit Driekie Seegers met haar voete
teen die bank voor haar. Ek pleister die Deep Heat met my
vingers oor my been en vryf dit in my vel in. Toe Driekie se
netbalrok te hoog opskuif, kan ek vinnig haar panty sien.
'n Groene.

Boesman kom in sy skoolblazer en das van agter af in die
gangetjie aan, al kouend aan 'n Chappie. Die bus is teen die
opdraand uit en oom Arrie laat waai nou. Net die eerstespan-
ouens het hul blazers en dasse aan. Ons ander is klaar in ons
rugbytruie en wit broeke.

"Is julle reg vir hulle, oom Dik Daan?" Boesman wys na

my. "Hulle dink hulle is smarter as ons, daai spul rykgatte. Fok hulle goed op, oukei?"

Almal sê Boesman gaan vanjaar Cravenweek vir Verre Noord speel.

Driekie kyk na ons kant toe, kyk weer weg, en sê iets vir Koegies se sussie langs haar. Hulle lag. Op haar bobeen is fyn goue haartjies.

"Hier kom 'n zot aan!" Boesman beduie na die pad voor die bus. "Wie't iets om hom mee te pot?"

Nog ouens roep: "Yes! Pot hom! Pot hom!"

Die koshuistannies het vir ons elkeen 'n kospakkie saamgegee: 'n kaas-en-tamatie-toebroodjie, twee hardgekookte eiers en 'n stukkie wors. Ek vat een van die eiers en kom met die eier in my hand regop, druk eers my arm en skouer by die bus se smal venster uit, toe my kop.

Die man kom op 'n dikwielfiets op die gruis langs die pad aan.

Een vir een skuif die telefoonpale verby. Toe is die man langs die bus op sy fiets. Die man is al grys. Ek gooi en huiwer 'n oomblik voor ek my arm terugtrek. Die man sien my nie. Toe sien hy my tog. Te laat. Die eier tref die ou man teen sy nek en die fiets swenk eenkant toe en die man en die fiets val en skuur oor die grond en word al hoe kleiner in die bus se blou rookwolk agter ons.

Ek trek my kop terug in die bus. Party kinders fluit en lag, en Boesman sê: "Lekker, oom Dik Daan," terwyl die ander weer begin sing: "Omie, trap die petrol dat ons vinniger kan ry . . ."

Die wind het my oë laat traan toe ek uitgeleun het, maar ek kan nie nou die trane afvee nie. Ek kyk na Driekie met haar groen panty. Sy kyk nie na my nie. Ek leun vooroor en begin weer die Deep Heat in my been invryf en invryf.

Later die oggend toe speel ons gelykop teen Potties met 12 punte elk.

Hit Parade

In 'n skoolkoshuis was dit byna onmoontlik om dit geheim te hou watter rugbyspan jy ondersteun. Laaities praat knaend oor rugby – rugby en boks en girls – en Springbokradio se "Hit Parade", aangebied deur David Gresham.

Wie onthou nog vir David Gresham? "Keep your feet on the ground and reach for the stars!" Die Gerhard Viviers van hit parades.

Ons was in verskillende klieks in die koshuis verdeel: In rugby het jy Noord-Transvaal geskreeu. In boks was jy 'n Kallie Knoetze- of 'n Gerrie Coetzee-man, en in musiek het jy van ABBA of van die Nederlandse groep Pussycat gehou.

Ek was 'n WP-man, die enigste een in die hele koshuis. In boks was ek 'n Gerrie Coetzee-man en in musiek 'n Pussycat-man.

Die res van die seuns was almal Blou Bulle. Daar was ook nie veel Gerrie Coetzee- en Pussycat-ondersteuners nie.

"Wie support jy, Danda?"

"Die WP, Boesman."

"Jou bliksem!"

"Eina, Boesman."

"Hou daai arm. Ek sê, hou hom stil. Fok, hoor jy wat ek sê?"

Hoeveel keer het hierdie toneel hom nie herhaal nie. In standerd agt was ek Boesman Pretorius, eerstespankaptein, se pleb. Danda, het hy my genoem. Ek moes onder meer elke oggend sy bed opmaak en elke dag sy tas skool toe en terug dra. Tussendeur het Boesman van my 'n Noord-Transvaal-ondersteuner probeer maak. Op my binnearm was pal dowwe blou kolle waar hy my " 'n lammie" met die vuis gegee het.

"Wie's die beste agtsteman in die land, Danda? Wynand Claassen of Morné du Plessis?"

"Morné, Boesh."

"O, jy hou vir jou harregat." Dan druk Boesman my in die kamer se ingeboude kas en maak die deur toe. "Ek vra weer: Wie's die beste agtsteman in die land, Danda?"

"Morné."

Eenkeer het Boesman Ego-reukweerder by die kas se sleutel-gat ingespuit en gevra: "Wie support jy, Danda?"

Ek kan met trots sê ek het die WP en Morné du Plessis nooit verraai nie, blou lammiekolle op my arms ofte nie, nè, Boes-man? Onthou jy daardie dae? Jy was toe in matriek? Ons was so onskuldig oor wat in die land en die wêreld gebeur. Ek moes jou toks polish, onthou jy? Jy het Adidas gehad – Adidas-caps. Ons almal het Adidas-caps begeer. Ons almal het gedink jy gaan nog eendag vir Noord-Transvaal speel, maar toe is jy ná matriek na die Suidwes-polisie se Koevoet-gevegseenheid toe.

Jy het op die Grens in die noorde van die ou Suidwes-Afrika en in Angola gaan veg. Ek het by van die ander ouens gehoor jy was 'n gevreesde soldaat in Angola. Julle het glo die Swapo-vegters sommer met die Casspirs doodgery. Jy het toe nooit vir Noord-Transvaal uitgedraf nie, Boesman. Toe ek die laaste keer van jou gehoor het, was jy in Irak waar jy oliebore of iets opgepas het.

In standerd sewe het ek vir die onder 15A's gespeel, maar toe ek in standerd agt kom, is die spanne nie meer volgens ouderdomme gekies nie. Toe beland ek in die vierde span, erg oorgewig en onfiks.

Die vierde bestes

Ons was eintlik maar 'n hopelose klomp, ons wat in ons hoër-
skool se vierde span gespeel het.

Flip Momsen op losskakel. Sam en Dafel op senter. Eddie
en Boenas was die slotte, Piet Spek die een stut. Ek die ander
stut.

Ou Bees, wat veronderstel was om ons af te rig, het eintlik
maar net op 'n Dinsdag- en Donderdagmiddag met sy fluitjie
flink agter ons aangestap.

"Pak saam, bulle!" was sy raad vir die voorspelers. "Pak
saam!"

Vir die agterspelers was Bees se raad: "Een tree, en pass.
Een tree! Een tree!"

Hoekom ek rugby gespeel het, weet ek nie. Talent vir die
spel had ek beslis nie, en vir roem het ek dit ook nie gedoen
nie: Ons het op die C-veld ver weg van almal geoefen en ons
wegwedstryde altyd êrens op 'n pawiljoenlose, verdorde
agterveld gespeel.

Miskien het ek gespeel omdat dit my die geleentheid ge-
gee het om soms op 'n Saterdag uit die koshuis te kom en 'n
bietjie die wêreld te sien, in ons skoolbus, 'n aamborstige
groen International met die skoolwapen op die kant geverf.

Dit was nog donker wanneer ons Saterdagoggende in die bus geklim het. Of nee, dit was nie net vir inklim nie: 'n Bepaalde rangorde het gegeld. Vuilbeen, Boenas, Jan Koster en Boesman het op die heel agterste bank gesit. Hulle was die krims wat Winstons gerook en die name van rockgroepe soos AC/DC en Black Sabbath op hul toksakke geskryf het.

In die volgende ry het die rowwe ouens gesit wat meisies het: Eddie en Driekie, Barries en Breggie.

Dan eers het die ouens ingeklim wat graag rof wou wees, dié soos ek en Sam, wat maar gesukkel het om 'n Winston se rook in ons longe te kry, en eintlik meer van Four Jacks & a Jill as AC/DC gehou het.

Heel voor, reg agter oom Arrie die busdrywer, het Kosie gesit, wat musiek as skoolvak geneem en as vlagman saamgegaan het.

Wanneer ons teen die bult by vendusiekrale uitgesukkel het, kon jy nie die dorp se liggies sien nie, so het daardie ou bus gerook, terwyl Barries en Breggie mekaar oopmond op een van die agterste sitplekke soen.

Op Naboom het oom Arrie vir ons by George se bakkery stilgehou. George se brood was daardie tyd van die oggend nog warm. Ons het elkeen 'n witbrood en 'n halfliter melk gekoop, en terug in die bus het Boenas en Vuilbeen gewoonlik elkeen 'n Crunchie uit hulle broeksakke gehaal, wat hulle van George se rakke af gevat het sonder om daarvoor te betaal.

Ons het gewoonlik hier teen tien-, elfuur se kant die oggend gespeel, net ná die onder 15B's.

Momsen was ook ons kaptein – 'n onrusbarend toegewyde een. Hy het geglo hy is eintlik Cravenweek-materiaal wat in die eerste span hoort. Elke goeie vierde span het minstens een so 'n speler, een wat glo as sy pa ook in die skoolraad was en sy ouer broer het nie die vorige jaar amper met 'n onderwyser handgemeen geraak nie, sou hy ook vir die eerste span uitgedraf het. Momsen was ons s'n.

"Ek soek julle in die kleedkamer, boys," het hy gewoonlik so veertig minute voor die begin van 'n wedstryd gesê, al het ons nie regtig 'n kleedkamer nodig gehad nie. Ons het reeds ons truie, broeke, kouse en ons knee guards aangehad die oggend toe ons in die bus geklim het. (Miskien was dit 'n onbewustelike soeke na simpatie, maar byna elke ou in ons span het minstens een knee guard gedra. Dit was deel van jou basiese mondering.)

Momsen het gewoonlik maar gesukkel om ons bymekaar te kry; veertig minute voor die wedstryd het meer as die helfte van die span nog êrens agter 'n kleedkamer of die skietbaan gestaan en rook. Net vyf van ons, insluitende Bees, het nie gerook nie.

Wat onthou ek die beste van daardie wedstryde? Die reuk van Deep Heat, die medisynerige, soet reuk van Deep Heat. Maak nie saak waar ek is nie, wanneer ek Deep Heat ruik, staan ek weer in daardie kringetjie met my knee guard aan, tussen Boenas en Jan Koster, terwyl Momsen sê: "Onthou net een ding, boys, hulle is net so bang soos ons." Of: "Boys, ons moenie toelaat dat hulle hul speelpatroon op ons afdwing nie." Nie een van ons het eintlik verstaan wat hy daarmee bedoel nie, maar ons het instemmend geknik.

Momsen het vooraf baie gewroeg oor of ons eerste moet afskop as hy die loot sou wen. Om af te skop was vir ons altyd die beste keuse. Nie omdat ons geglo het dit kan ons in 'n aanvallende posisie plaas nie. Ons was bang as die ander span afskop, vang ons die bal mis.

En voor elke wedstryd het Momsen belowe: "Julle moet vandag als gee, boys. Ek het gehoor die hoof gaan kom kyk hoe ons jôl." Daar was altyd 'n gerug dat ons skoolhoof na een van ons wedstryde sou kom kyk. Maar hy het nooit gekom nie.

Kort voor die wedstryd het Bees, ons afrigter, darem opgedaag, maar hy het nie veel gesê nie. "Bulle, onthou net wat ons op die oefenveld gedoen het," was gewoonlik sy enigste raad. Soms het hy bygevoeg: "Maak hulle eers sag voor, bulle, en speel dan die bal wyd."

Dan, net voor ons moes opdraf, het Momsen 'n gebed gedoen waarin hy die Here gevra het dat ons nie moet seerkry nie. Hy het ook altyd subtiel geskimp dat die beste span moet wen, en dat dit tog ons moet wees.

Vuilbeen, die haker, moes die bal by die lynstane ingooi. Dit was altyd 'n spul syfers wat Vuilbeen geskreeu het. "Agt! Sestien! Vyf! Drie!" Of: "Agttien! Twaalf! Vyf! Sewe!" En dan moes hy gou bepaal waar om die bal te gooi, met behulp van 'n misterieuse formule wat Vuilbeen self nie verstaan het nie omdat dit al sy tweede jaar in standerd agt was.

In die skrums het dit makliker gegaan. Kiewiet, ons skrummie, het net geroep: "Vories, die bal kom, ja-ha!" Dan het ons gestoot. Of verder in skrumformasie gestaan en rus terwyl Bees se stem van iewers af kom: "Die bal! Die bal!"

Ons was nie 'n baie taktiese span nie. Ons mees gevorderde agterlynbeweging was die skêr of fopskêr; 'n oorslaanaangee was bloot 'n flater.

Party wedstryde het ons verder as ander verloor, maar dis beslis nie Kosie, ons immer entoesiastiese vlagman, se skuld nie.

Ek hoor nog hoe Kosie in 'n hoë stemmetjie langs die kantlyn roep: "Doen iets onverwags, ouens! Doen iets onverwags!" Toe ons reeds teen Tom Naudé Tegnies agter was met 'n telling van iets soos 47 − 0. Buys, ons linkervleuel, het toe wel iets onverwags gedoen. Hy het die bal met 'n oop doellyn geváng en gaan druk. Buys het nóóit sulke balle gevang nie.

Elke goeie vierde span het mos so 'n vleuel – een met verbysterende vaart, maar baie swak hande. Elke vierde span is dieselfde, en tog ook heeltemal anders.

Woorde sal altyd minder wees as wat ons klomp was, en niks kan weer daardie gevoel terugbring wat jy gekry het wanneer jy daar in die kringetjie staan nie, tussen Boenas en Jan Koster, met die reuk van Deep Heat in die lug, en Momsen wat sê: "Onthou net, boys, moenie dat hulle hul speelpatroon op ons afdwing nie."

Iewers het ek nog 'n spanfoto van ons. Elke keer wanneer ek daarna kyk, is ek verras oor hoe trots en vasberade ons daarop lyk.

Kierie se pa

Ek het nie 'n kind nie, maar ek hou daarvan om na skole-rugby te kyk. Nie net na die kinders wat speel nie, maar ook na die ouers langs die veld. Ouens soos Kierie se pa. Kierie se pa is 'n samevoeging van heelwat sulke pa's.

Twintig minute voor die begin van die wedstryd hou Kierie se pa in sy Ford 4x4-bakkie op 'n sypaadjie naby die skool stil. Hy klim uit en kyk op sy horlosie.

Hy het nog net drie van Kierie se games in sy lewe mis-geloop. Dit was toe hy vir 'n hartomleiding in die hospitaal was en Kierie die onder 14A's se kaptein was.

Hy kyk na sy weerkaatsing in een van die bakkie se ruite, en haal 'n kam uit sy leerbaadjie se binnesak. Terwyl hy sy yl kapsel kam, wieg die koperring om sy pols heen en weer. Hulle sê van die ring se koper kom in jou bloedstroom en dit help vir gout. Nadat hy by die Mighty Men-byeenkoms op Angus Buchan se plaas in Natal was, het hy vir 'n ruk ook 'n What would Jesus do-band gedra.

Hy druk die kam terug in sy sak en stap oor die straat.

Die skoolterrein is vol mense en lawaai. Die kinders by die hek groet hom vriendelik: "Môre, Oom." Hulle ken hom: Hy is Kierie, die eerstespanlosskakel se pa.

Die pawiljoen langs die A-veld sit reeds vol mense. Vandag is 'n grote: Kierie-hulle speel teen Tegnies, wat vir 'n slag weer 'n ordentlike span het nadat hul nuwe hoof besluit het om ook maar spelers met beurse na hulle skool toe te lok.

Eers wonder hy of hy nie na die nuwe losie met die grasdak 'n ent agter die pale moet gaan nie. Dis nes 'n losie op Loftus ingerig, net met 'n braaiplek by. Hy kan daar saam met die hoof en die voorsitter van die bestuurskomitee en die keurders gaan sit. Hulle sal hom daar toelaat, hulle ken hom. Party van hulle het al saam met hom in die Bosveld gaan jag. Op sy koste natuurlik.

Maar hy stap eerder na die oorkant van die veld waar 'n bondel mense, meestal mans, staan. Hy hou daarvan om daar te staan en wanneer die wedstryd begin, beweeg hy saam met die spel heen en weer langs die kantlyn.

Dis net simpel noudat hulle 'n tou wat jy nie mag verbysteek nie al langs die kantlyn af span. Eens op 'n tyd kon jy, terwyl die wedstryd aan die gang is, sommer op die veld storm as die skeidsregter of die ander span se spelers met hul nonsens begin.

Iemand roep sy naam. Hy swaai om. Dit is Thabo se pa. Thabo en Angile is al swart spelers in die span. Dit moes een of ander tyd gebeur. Thabo se pa is nie soos die ander nie. Is baie gekultiveerd. Is nie 'n moeilikheidmaker nie.

Kierie-hulle warm nou op die B-veld op. Hy sal maar liewer nie weer met die kind gaan praat nie. Hulle het gisteraand en vanoggend deur die game plan gepraat. Hy hoop net die Rugbyunie se mense toets vandag nie vir verbode middels nie; daardie poeier wat Kierie nou drink . . . Maar die kind moet lyf kry. Die dae van 'n tingerige losskakel is verby. Hy het vir Kierie 'n nuwe Polo Cross belowe as hy vir die Cravenweek-span gekies word.

Tussen die mans op die kantlyn gaan hy staan. Hy druk sy hand in sy baadjiesak om seker te maak sy velletjie hart-pille is daar. Die mans rondom hom gesels driftig oor 'n koerantberig van iemand wat gesê het vandag se seuns is te bedorwe en te sag. Die kinders kort meer dissipline. Hy stem daarmee saam. Die seuns behoort weer vir twee jaar army toe te gaan, veral die swartetjies wat so lief is vir klipgooi.

Kierie sal dit nie waag om 'n rugbyoefening of 'n gim-sessie mis te loop nie.

Die spanne gaan nou enige oomblik opdraf.

"Weet jy wie's daai?" hoor hy iemand sag agter hom sê.

"Nee," antwoord iemand anders. "Wie?"

"Dis Kierie se pa."

Hy voel sy hart in sy borskas klop terwyl hy hom tussen die mense deur druk, nader aan die halflyn. Hy is reg. Hy is Kierie se pa en hy is gereed. Die wedstryd kan maar begin.

Eerste liefde

Eers was sy net nog een van die meisies in ons matriekklas. Elma Theron, met die ligbruin hare en twee poniesterte.

Dit is nie iets wat geleidelik gebeur nie. Of dalk het dit geleidelik tussen my en Elma Theron gebeur. Dit was meer as vyf en veertig jaar gelede.

Ek onthou hoe ek by die klaskamer – dink dit was die Wiskundeklas – instap, hoe sy daar in die derde ry van voor af sit, hoe sy na my kyk en ek na haar kyk, hoe ons oë vir 'n sekonde of drie ontmoet – en van toe af was niks meer dieselfde nie. Sy was nie meer vir my sommer 'n klasmaat nie. Sy was 'n meisie, anders as die ander meisies in die klas. Iets onsigbaars het tussen ons gebeur, iets wat ek nie kon verduidelik nie. Ek was verlief op haar, maar nie met die verliefdheid van woorde nie. Ek kon dit met my lyf en hart voel. Ek het al hoe minder geëet. Dit was asof elke gedagte aan haar my versadig gemaak het. Ek het nie meer kos nodig gehad nie. Sy was genoeg.

Al het ons gesprekke nie juis vlot verloop nie:

"Hi."

"Hi."

"Hoe gaan dit?"

"Goed."

"Ek is bly."

"En hoe gaan dit met jou?"

"Goed. Dankie."

"Ek is bly."

Ek stap agter haar in die ry op die skool se stoep en verkyk my aan haar enkels, slank in haar swart Jack & Jill-skool-skoene.

Op 'n dag skryf ek vir haar 'n briefie: *Ek vra jou die kys*.

Wat het dit alles met rugby te doen? Elma Theron het gemaak dat ek lang ente begin draf en met 'n Bullworker – so 'n vreemde oefentoestel wat na bewering jou bolyfspiere laat ontwikkel – begin oefen het. Ek was nie meer tevrede om Oom Dik Daan te wees wat vir die vierde span speel nie.

In matriek is ek vir die eerste span gekies. Weer op stut. Maar nou was ek 'n slanke, fikse stut met biseps wat saam met flanke die losballe in die losskrums kon wen. En wanneer ons 'n wedstryd speel, het ek nie meer gekyk of Pa en Ma langs die veld is nie, ek wou weet of Elma Theron daar is.

A! Die selfvertroue van 'n eerstespanspeler op hoërskool. Jy is skielik nie meer daardie onseker outjie wat saans voor die spieël staan en puisies uitdruk en jou gesig vlekkeloos probeer dokter met Clearasil nie. Jy is 'n toekomstige Spring-bok.

Ek

Wat seuns nie wil weet nie

In 1980, die jaar van my eerste verliefdheid, het die Britse Leeus weer in die land getoer. Bill Beaumont se span.

Die vierde toets is op Loftus Versfeld gespeel. 12 Julie 1980. Ek was saam met Pa en Ma by die Tshipise-vakansie-oord in die verre Noord-Transvaal. Elma Theron het ook daar saam met haar Pa-hulle vakansie gehou. Ons het na die toets gekyk op 'n TV-stel in die oord se ontspanningsaal. Die Leeus het die wedstryd met $17 - 13$ gewen, maar my verliefdheid op Elma was groter as my teleurstelling oor die Bokke se vertoning.

Daardie aand in Tshipise se groot swembad, in die donker, ons twee, ek en Elma Theron, ons hande wat deur die water na mekaar vat, ons lywe teen mekaar, haar mond wat nader aan my mond kom, haar asem in my gesig, ons monde wat asof vanself oopgaan, en die sterre wat laag oor die aarde hang.

Het die toekoms ooit weer vir my so belowend soos daardie aand gevoel?

Totdat Elma Theron my afgesê het, sewe maande en vyf dae later. In 1981.

Sy wil eerder net vriende met my wees, het sy gesê.

Vriende? Gmf.

Ek weet ná al die jare steeds nie hoekom Elma my afgesê het nie. Sy het iets gesê van sy wil nie nou al te ernstig raak nie. Miskien het dit iets te doen gehad met dokter Jan van Elfen se boek, *Wat meisies wil weet*, wat haar ma vir haar gegee het.

Maar as jy op agttien afgesê word, en jy is iemand soos ek, aanvaar jy maar sy dink jy is nie goed genoeg vir haar nie. Al daardie gewig wat jy verloor het en die draf en die oefenry met die Bullworker het nie gehelp nie. Boonop was ek maar skamerig en kon glad nie dans nie. Op die after-paartie ná ons matriekafskeid het sy heeltyd met die ander ouens gedans.

Miskien sou sy anders oor my gevoel het as ek 'n goeie rugbyspeler was.

Biko

1981 was die jaar toe die Springbokke in Nieu-Seeland gaan toer het, 'n toer wat gou ook as "die Betogertoer" bekend gestaan het. Nes die Boktoer in 1969/'70 deur Brittanje.

Duisende betogers het opgeruk en teen die Springbokke se teenwoordigheid in Nieu-Seeland geprotesteer.

Maar nou het ons nie meer geluister hoe saai Gerhard Viviers die wedstryde vir ons oor die radio uit nie. Donker staan ons al op om op TV na die wedstryde te kyk, met Jan Snyman en Kim Shippey as kommentators.

Vroegoggend kom staan Pa voor my bed en sê: "Kom, Seun, die rugby gaan begin."

Dit is nog donker buite, en koud. Ek vat een van die komberse van die bed af en stap gangaf. Ma slaap nog. In die kombuis suis die ketel. Die Pilot-televisiestel in die sitkamer is reeds aangeskakel.

Pa kom ingestap met twee bekers koffie en 'n Tupperware-bak vol beskuit. Ek vat een van die bekers en 'n stuk beskuit en gaan lê op die bank onder die kombers wat ek saamgepiekel het. Pa sit op sy La-Z-Boy. September 1981.

Op die Pilot se skerm draf die spanne op die veld daar ver in Nieu-Seeland. Eers die Springbokke met Wynand Claassen voor met sy sweetband. Dan die All Blacks. Dit is die derde toets op Eden Park in Auckland. Ons móét hierdie een wen om die toetsreeks te wen.

In die een hoek van die veld ontplof 'n rookbom. In 'n ander hoek probeer 'n man in 'n vaal jas op die veld hardloop. Twee polisiemanne sleep hom van die veld af.

"Dis reg," sê Pa. "Hulle moenie weer met hulle nonsens begin nie."

By al die Springbokke se wedstryde was mense wat teen die toer betoog het. Hulle is kommuniste en is teen apartheid.

"Takhare," noem Pa hulle – die naam wat Gerhard Viviers tydens die 1969/'70-toer deur Brittanje vir die betogers gegee het. Op een plek het 'n klomp op die veld gestorm en in 'n bondel op die veld gaan staan tot die wedstryd afgelas is.

Dit voel of ons nie net teen die All Blacks speel nie. Ons speel teen die hele wêreld.

Die wedstryd begin en ons lyk goed. Okkie Oosthuizen storm vorentoe en gooi die bal vir Rob Louw, wat lyk asof hy soos 'n ysskaatser oor die veld gly wanneer hy met die bal hardloop.

"Sê nou vir my," vra Pa. "Wat het hierdie betogings met rugby te doen?"

Deur die lug kom 'n banier, vasgemaak aan 'n tros ballonne, oor die hoofpawiljoen gesweef. *Biko*, staan groot op die banier geskryf.

Ek weet dit gaan oor Steve Biko wat dood is terwyl die polisie hom aangehou het, maar jy weet nie mooi wie Steve Biko was nie. Hy is 'n terroris wat wittes haat, sê die mense.

Later kan die wedstryd weer voortgaan. Ray Mordt druk drie drieë terwyl pamflette op die veld ronddwarrel. In die laaste minute is ons nog voor, en dan, in beseringstyd, is daar 'n strafskop teen ons. Die All Blacks se maergatheel-agter wat sy broek te hoog optrek, skop dit oor. 25 – 22. Hulle wen.

Ma kom staan in die deur in haar japon. "Hoe is julle so stil?"

"Ons is beroof," antwoord Pa.

In my halfgedrinkte beker koue koffie dryf 'n afgebreekte

stuk beskuit. Buite begin dit lig word, maar dit voel of die donker nie wil verdwyn nie.

Ons is die muishonde van die wêreld, sê die mense.

In 2021 het daardie 1981-toerspan 'n reünie in Stellenbosch gehou. Ek was bevoorreg om daar te kon wees.

Een ná die ander kom hulle by die deur in, party stadiger as ander.

Ray Mordt herken ek dadelik – die vleuel wat drie drieë in daardie hartbreektoets in Auckland gedruk het. Hy lyk fiks, maar is ook al grys. En daar is Wynand Claassen, agtste-man en kaptein, sy kop nou Nataniël-kaal. Rob Louw se strompelstappie is strammer. Geboë oor sy krukke skuifel

Flip van der Merwe in. Abe Williams, die assistentspanbe-stuurder, leun op 'n kierie. Henning van Aswegen is in 'n rolstoel. Niemand ontkom die lewe se skerp kant nie.

En wie is die ou met die bles? Willie Kahts? Edrich Krantz?

In Julie 1981 het hulle almal in Johannesburg op 'n vliegtuig geklim om sestien wedstryde in Nieu-Seeland – insluitende drie toetse teen die All Blacks – en drie wedstryde in Amerika te gaan speel; een van die mees kontroversiële rugby-toere in die geskiedenis van die spel.

Ek was toe agttien jaar oud en pas klaar met matriek, 'n verwarde student met sy eie rugbydrome in Pretoria.

Vanaand is drie en twintig lede van daardie span, almal al ouer as sestig, hier op die Stellenrust-wynplaas buite Stellenbosch om saam te kuier en die ou stories weer asem te gee.

Die doringdraad-Bokke het party hulle genoem, want die toer het oor meer as rugby gegaan, het almal gou ontdek. Al die wedstryde is gespeel op velde wat afgesper was met lemmetjiesdraad om te verhinder dat antiapartheidsbetogers op die veld storm.

Hoe gou vergeet 'n mens nie? In 1981 was hierdie land 'n ander land. P.W. Botha was die staatspresident, Nelson Mandela was al agttien jaar sedert hy in hegtenis geneem is in die tronk, David Kramer se "Blokkies Joubert" was 'n treffer, en soveel van ons het donker al opgestaan om op televisie te kyk hoe speel dié manne daar oorkant rugby: Divan Serfontein, Danie Gerber . . .

"Ons het in 'n leeukuil ingestap," sê Wynand Claassen. "Net voor ons weg is, het ek doktor Dawie de Villiers se kantoor gebel. Hy was toe die minister van sport en was vroeër ook 'n Springbok-kaptein. Ek wou weet wat ons daar oorkant kan verwag, maar De Villiers was weg of iets. Toe bel ek vir Van Zyl Slabbert, die leier van die opposisie en ook 'n rugbyman. Maar hy kon ook nie kom nie.

"Dawie de Villiers se kantoor stuur toe 'n persoon na my toe. Hy kom toe daar aan met sulke pamfletjies. Toe vra ek hom: Nou wat moet ons sê? Toe sê hy, nee, man, als is hier in die pamflet wat jy kan sê oor die onderwys en so in die land.

"Dit het niks gehelp nie. Ek dink nie ek het die pamfletjies vir die spelers gegee nie."

'n Week of so later moes Wynand-hulle 'n klomp buitelandse joernaliste se aanvallende vrae in Gisborne in Nieu-Seeland beantwoord nadat die Springbokke om die wêreld moes vlieg, via Hawaii, om in Nieu-Seeland te kom. Die Australiese regering het geweier dat hulle vliegtuig daar land.

Wynand en die res van die spanbestuur, prof Johan Claassen, Nelie Smith en Abe Williams het voor die mediakonferensie vlugtig in Bob Stuart, die Nieu-Seelandse verteenwoordiger by die span, se kamer vergader.

"Dis eintlik erg hoe onvoorbereid ons was. 'Watter vrae moet ons beantwoord?' vra ons vir Bob.

" 'Antwoord nét die rugbyvrae,' sê hy."

Wynand glimlag skewerig. "Toe is daar nie één rugbyvraag nie. Net politieke vrae. Ons het die toer baie sleg afgeskop met daai mediakonferensie. Ons moes vir Abe meer laat praat het. Abe het ongelooflik baie op die toer gedoen om uit te reik na die mense."

Wynand kyk na waar oom Abe, nou tagtig jaar oud, met sy kierie op sy skoot sit. Dit is nie vanaand gepas om ou rowe af te krap nie, maar dis algemeen bekend dat party lede van die bestuurspan oom Abe nie op die toer wou toelaat om sy sê oral te sê nie.

"Ek was dalk te eerlik oor apartheid," sê oom Abe, 'n gewese skoolhoof. "Ek't nie die verkeerde dinge van ons land weggesteek nie. Ek't geglo as ons deur sport integreer, sal sosiale en politieke integrasie daarop volg."

Almal is nou in Stellenrust se banketsaal, die glase is vol wyn en daar word diep gesels. Jy kan sien 'n duisend en tien gedeelde ervarings bind dié manne.

Een ná die ander knik die koppe toe Carel du Plessis sê: "Ek't besef dit gaan rof raak toe 'n betoger ons bus met 'n vol blik koeldrank gooi."

Meer as honderd en vyftig duisend mense het plakkate gedra en tydens die toer gekreet: "Stop the bloody tour! Stop the . . ."

Errol Tobias stap in. Op sy bors hang 'n silwer kruis. Hy het van Caledon af gekom, sy tuisdorp, waar hy ook 'n prediker is. 'n Paar manne omhels hom.

Die eerste wedstryd teen Poverty Bay het hulle gewen en toe is hulle na Hamilton vir die wedstryd teen Waikato. 25 Julie 1981. Sal 'n mens dit ooit vergeet?

"Ons was in die kleedkamer in die pawiljoen, ons het nie geweet wat buite aangaan nie," vertel Wynand Claassen. "Prof Claassen het kom sê daar is 'n paar mense op die veld, ons sal netnou kan opdraf."

Hier in Suid-Afrika kon ons alles op TV sien: Hoe die betogers op die veld storm en op die gras gaan sit, hoe die polisie nader stap met dreigende knuppels terwyl party van ons hulle van hier af aanpor: "Jaag hulle van die veld af! Takhare!"

En hoe die wedstryd afgelas is en ons voor die TV bly sit het, vol woordelose verdriet, asof daardie betogers ons elkeen persoonlik beledig het.

Baie het gedink dis die einde van die toer, maar dit het voortgegaan in 'n soort veiligheidsborrel om die betogers van die spelers af weg te hou. Hulle was glad nie minder ingekerker as die bioborrel waarin die Bok-spelers tydens die Covid-19-pandemie was nie. Trouens: Hulle het geen selfone gehad nie. Hulle het kaart gespeel, gelees en Colin Beck en Gawie Visagie het af en toe iewers 'n skelm sigaret gaan rook. Ander het briewe huis toe geskryf. Hulle het gereeld briewe ontvang.

Herman le Roux, een van die sportskrywers wat saam op die toer was, is ook hier. Hy vertel hoe Eben Jansen, een van die spelers wat nie vandag hier kan wees nie, vir hom 'n brief gewys het wat sy huiswerker van Bloemfontein af vir hom gestuur het, besorg oor hom.

Die eerste toets het hulle verloor, die tweede gewen. Toe kom die derde en beslissende toets. Auckland. 12 September 1981.

Die spelers het die vorige aand in 'n groot vertrek in die pawiljoen geslaap.

Vroeg die oggend het ons weer voor die TV sit en kyk hoe die betogers rookbomme op die veld gooi.

Met vyf minute oor en die telling 19 – 18 in die All Blacks se guns, gebeur dit toe: 'n Cessna kom laag oor die stadion gevlieg en iemand gooi sakkies vol meel by die venster uit – meelbomme. Een daarvan tref die All Black-stut Gary Knight teen die kop en hy slaan neer.

"Ek't nader gestap en gehoor of Gary orraait is," onthou Wynand. "Toe sê Clive Norling hy wil die wedstryd stop. Ek't net gesê: 'You can't stop a test match. We play to the end.'"

Kort daarna is die wedstryd hervat.

Toe kom Mordt se derde drie, maar Naas se doelskop was mis. Nou was dit 22 elk, terwyl ons hier ver skreeu: "Blaas net die fluitjie!"

En Clive Norling wat toe die fluitjie in die tiende minuut van beseringstyd blaas – 'n strafskop vir die All Blacks. Allan Hewson wat oorskop. 25 – 22.

"Dit het . . ." Wynand soek steeds na die regte woorde om sy gevoelens op daardie oomblik te beskryf. "Ek't onder die pale vir die bal staan en kyk. Dit het gevoel of ek my hande onder 'n kraan hou en die water probeer vang. Jy kon niks doen nie. Ons het verloor."

Maar die manne is nou in hul Blokkies Joubert-jare en die lewe het hulle genoeg geleer om hulle te laat besef hulle was pioniers.

"Ons het R10, R50 per dag verdien," onthou Wynand laataand. "Vrydae gaan wag ons voor prof Claassen se kamer-deur. Dan is ons broke, dan kry elkeen sy geld. Kontant."

Wynand het 'n argitek geword, Divan en Edrich Krantz is dokters. Hier is sakemanne en rekenmeesters. Met Burger Geldenhuys, wat naby Kroonstad boer, staan jy en gesels oor sy liefde vir boeke. Hulle sit nie te veel soos Blokkies Joubert en droom oor die ou dae nie.

"Ons probeer steeds van hierdie land 'n sukses maak," sê Flip van der Merwe, nou 'n sakeman van Kathu. "Jy probeer maar elke dag iets positief doen."

Nou wil die ooms eers die Springbok-haka doen wat hulle in Nieu-Seeland hulself geleer het. Prof Johan Claassen en Nelie Smith, die afrigter, en vyf van die spelers is al oorlede: Robert Cockrell, Louis Moolman, Darius Botha, Gawie Visagie en Okkie Oosthuizen.

Willie du Plessis en Shaun Povey woon in Australië.

Henning van Aswegen in sy rolstoel vat voor met die haka. "Let's go down!" roep hy terwyl almal met hulle hande op hul bene klap. Henning het 'n rugmurgsiekte, maar hy boer voluit in die Noord-Kaap en besit ook die Border Hotel op Jan Kempdorp.

"If you love her," sing-skreeu hulle, "hold her tight!"

Oom Abe stamp sy voet op die grond en klou aan sy kierie. Danie Gerber het al 'n hartoperasie gehad, Rob Louw het kanker oorwin en Carel du Plessis, op die oog af gesond, stry 'n lang stryd teen 'n gewas op die brein.

Ná die haka is dit asof hulle mekaar nie wil groet nie. Hulle wil nog 'n rukkie in mekaar se geselskap wees. Hulle gesels nog, lag nog. Dis belangrik dat die ou stories weer gebore word.

'n Mens weet nooit wat volgende kan gebeur nie.

Nie baie lank ná die onthaal nie is Theuns Stofberg in 'n motorongeluk oorlede.

Verlore droom

Hoe naïef kan 'n mens nie wees nie? Ek het in 1981, my eerste jaar op universiteit, sowaar gedink ek kan dalk nog 'n Springbok word. Of minstens vir die WP speel. 'n Stut met beperkte balvaardigheid wat skaars tagtig kilogram weeg, wat nie eens op skool na die Cravenweek-proewe genooi is nie.

Nadat Elma Theron my afgesê het, was ek so deurmekaar dat dit my desperaat gemaak het. Dis seker hoekom. My eerste liefdesteleurstelling. Daardie knaende hol gevoel in my. Ek wil huil, maar ek kan nie. 'n Man huil in elk geval nie.

"Sy gaan nog spyt wees sy het my gelos," het ek myself hardop probeer troos.

Ek sal jou wys, het ek gedink, en aangesluit by John Borland se gimnasium in Sunnyside in Pretoria. Die Bullworker was nie goed genoeg nie, ek het met die swaar ysters begin werk aan die krag in my arms, rug en bene.

My planne was gereed: Ek gaan eers Tukkies se onder 20-span probeer haal, daarna sal ek Stellenbosch toe probeer gaan. Ek sal eers vir die Maties speel, daarna vir die WP.

Ek kry skaam om dit te vertel. Boonop kan ek nie die volgorde van alles mooi onthou nie. Pa het destyds sy Datsun 1200-bakkie vir my gegee om mee te ry, so 'n wittetjie.

Een middag ry ek toe Loftus toe, parkeer in Eastwood-straat, stap by die oop hek agter die hoofpawiljoen in en stap op die veld rond met hierdie hartseer in my, hierdie verlange na Elma, hierdie verlange om 'n sterk man te wees wat nog vir die Springbokke gaan speel. Ek weet nie hoekom onthou ek dit nie, maar ek het 'n swart rolnektrui aangehad. Soos Ryan O'Neal in die fliek *Love Story* wat ek saam met Elma in die inry gaan kyk het. In 'n rolnektrui het ek vir myself meer verstote en meer misken gevoel. As ek hier kan rugby speel, die pawiljoene vol mense gepak, het ek geredeneer, sal ek nie meer so hartseer oor Elma Theron wees nie. Dalk sal sy my dan bel of vir my kom vra: "Kan ons nie weer probeer nie?" En daardie woorde uit *Love Story* aanhaal: "Love means never having to say you're sorry."

Op die Tuks-kampus, naby die Merensky-biblioteek, was 'n aansteekbord waarop belangrike kennisgewings geplaas is. Op 'n dag was die kennisgewing toe daar: Alle onder 20-rugbyspelers moet op so en so 'n tyd by die L.C. de Vil-liers-stadion aanmeld.

In matriek het Pa vir my ook Adidas-caps gekoop, ek het hulle self skoongemaak en mooi opgepas. Ek het ook steeds my hoërskool-eerstespantrui gehad.

Ek onthou nog hoe onseker van myself ek was toe ek die middag daar by die L.C. de Villiers-stadion uit die bakkie klim, my Adidas-caps in my hand. Daar was oor 'n honderd jong mans soos ek. Baie van hulle het vir hul provinsies se Cra-venweek-span gespeel.

Ewoud Malan, 'n Noord-Transvaal-speler, was een van

die afrigters of keurders, ek is nie meer seker nie. Hy het ons laat aantree in die posisie waarin ons wil speel. Dit was vir my 'n probleem: Die ander stutte was baie groter en frisser as ek, en ek dink nie ek was vinnig genoeg vir 'n los-voorspeler nie. Daarom het ek maar by die hakers gaan staan, hoewel my selfbewustheid my bang gemaak het vir die ingooi by die lynstane.

Ek is by een van die spanne ingedeel, maar dit was asof ek nie die vreesloosheid van die ander spelers gehad het nie. Omdat ek redelik fiks was, kon ek in die losspel by die ander spelers bly, maar die kere wat ek eerste by 'n losbal was, het die groter ouens my gestamp dat ek dáár op my gat gaan sit. Ons het net vir 'n halfuur gespeel, toe het Ewoud 'n paar van ons van die veld af gehaal.

Dit was die einde van my rugbyloopbaan.

Stadig het ek teruggestap na my bakkietjie toe. Vir 'n lang ruk het ek daarin gesit en kyk hoe speel die ander proef-spanne teen mekaar terwyl die son oor Pretoria sak, en L.C. se spreiligte aangaan. Op pad huis toe, die donker stad in, toe sing die Bee Gees oor die bakkie se Telerad-kassetspeler:

> When I was small
> and Christmas trees were tall
> we used to laugh while others used to play.
> Don't ask me why,
> but time has passed us by,
> someone else moved in from far away.

In Duncanstraat, opeens, is daar 'n malteserbrakkie onder die straatligte, en toe is die brakkie voor my in die straat, en ek trap die rem. Te laat. Te laat. Maar ek hou nie stil nie. Die brakkie moes by iemand se hek uitgekom het. Ek neem daardie brakkie in my verwilderde hart met my saam.

Terug in my agterkamer in Arcadiastraat gooi ek my Adidas-caps in die kas en gaan lê op die bed en beleef moontlik die eerste angsaanval in my lewe. Ek voel so laag, ek ervaar dit as 'n fisieke pyn, van kop tot tone, terwyl ek bibberend sonder trane probeer huil. 'n Man huil mos nie.

Geïsoleer

Oor die 1980's het ek gemengde gevoelens. Die Springbokke kon weens die sportboikot teen Suid-Afrika nie meer in die buiteland gaan toer nie.

Hoe maklik vergeet 'n mens nie hoe dit tóé was nie.

Baie lande het die ou SAL se vliegtuie belet om daar te land. Trouens, die SAL se vliegtuie mag nie eens oor Afrika ge-vlieg het nie. Toe die Springbok-rugbyspan in 1981 in Nieu-Seeland gaan toer, het die Australiese regering geweier om vir die SAL landingsregte te gee. Die span moes via Amerika Nieu-Seeland toe vlieg.

Weens die sportboikot het ons al wat plaaslike sport is op TV gekyk: Ons spelers en atlete wat teen mekaar meeding. Ons het selfs op groot skaal rolbal gekyk. Doug Watson en dié manne. En perdespring: Gonda Betrix (née Butters). En Sarel van der Merwe in die Total-tydren.

Daar was ook 'n kulturele boikot, hoewel Joe Dolan en die Ierse sangeres Geraldine en ander middelmatige Europese sangers darem hier kom toer het. Ek en Pa en Ma het by Sun City na James Last en sy orkes gaan luister. Last, wat sy bles aan die agterkant geblow wave en graag wit skoene gedra het by 'n syhemp wat hy effens te laag oopgeknoop het. Met 'n

dirigeerstokkie in die een hand terwyl hy die orkes diri-
geer, met een wit skoen wat ritmies op en af beweeg.

Disinvestering. Sanksies. 'n Olie-embargo.

Later kon jy nie meer 'n Philips-radio, -platespeler of -gloei-
lamp in die land koop nie. Philips het uit die land onttrek.
Ook Mobil en Goodyear.

Oor die radio het ons nie meer daardie Chev-advertensie
gehoor nie: "Braaivleis, rugby, sonskyn en Chevrolet . . ."
Chev was deel van General Motors wat ook uit die land ont-
trek het.

Suid-Afrika se selferkende vriende was maar min: Uru-
guay, Paraguay, Chili – sulke lande. En Taiwan.

In 1986 kom 'n rebellespan, die Nieu-Seeland Kavaliers,
per tjekboek op Jan Smuts-lughawe aan. P.W. Botha het die
vorige jaar 'n nasionale noodtoestand in die land afgekon-
dig, maar steeds probeer ons maak of politiek en sport niks
met mekaar te doen het nie. Ons klop die Kavaliers, maar diep
binne-in weet ons dit was nie die regte All Blacks nie.

En van toe af, vir die volgende vyf jaar, wou geen land hier
kom toer of ons by hulle hê nie. Toe speel ons net met, of
wel . . . téén onsself. Ons muishondjare.

Die 1980's was ook my eie verdwaalde jare in Pretoria. Ná
ses maande op Tukkies het ek my studies opgeskop. Daar-
na moes ek op Voortrekkerhoogte aanmeld vir my mili-
têre diensplig, maar ná skaars 'n maand is ek deur die army
se sielkundiges tot 'n skisofreen verklaar en oneervol ont-
slaan.

Ná 'n groot gesukkel om werk te kry – wie stel 'n jong, vermeende, opkomende skisofreen aan? – het ek as boek-winkelklerk in Pretoria begin werk. Daarna het ek bedank, joernalistiek aan Technikon Pretoria gaan swot en deeltyds as kaartjieverkoper in Sterland gewerk om vir my studies te help betaal.

Ek het in wat eens 'n bediendekamer was agter in 'n orto-dontis se erf in Kerkstraat gewoon, stapafstand van Loftus Versfeld af. Rugby wou my nie uitlos nie.

Rugby het my laat voel ek is normaal, wat normaal ook al is.

Hoeveel Saterdae het ek afgestap Loftus toe om na 'n wed-stryd te gaan kyk? En nie een keer daarvoor betaal nie. Ek was bevriend met Jimmy Taljaard, 'n verkeersman wat saam met my op skool was. Hy het naby Loftus Versfeld diens ge-doen wanneer daar 'n groot wedstryd was. Net voor die wed-stryd begin, stap ek tussen Jimmy en sy kollegas by die hek in en gaan sit op die hoofpawiljoen op sitplekke wat spesiaal vir die verkeers- en ambulansmense gereserveer is. Dit het my 'n vreemde gevoel van mag gegee om saam met Jimmy en die ander padvalke by die stadion in te stap. Ek het begin wonder of 'n loopbaan in die verkeerswese nie dalk 'n moontlikheid is nie.

'n Comeback

Iewers in die 1980's het ek ook kortliks my terugkeer tot die rugbyveld gemaak.

Gys Booysen, 'n skoolvriend, bel die Vrydagaand. Ek het 'n telefoon in my kamer gehad. Kan ek hom nie uithelp nie? vra Gys. Hulle speel môre 'n wedstryd en kort 'n voorry-man. Asseblief, tjom.

"Teen wie speel julle?"

"Yskor se derdes," antwoord hy. " 'n Klomp paloekas."

Gys is 'n beginnerrekenmeester by Deloitte en hulle span speel in een van Pretoria se sosiale ligas.

"Ek het op skool laas gespeel, Gys."

"So what? Jy draf gereeld, jy is fiks."

"Oukei, dis reg," hoor ek myself sê.

Ek gaan grawe my toks – my troue ou Adidas-caps – agter die twee paar ander skoene in my kas uit.

Die Saterdagoggend hou ek langs die Tuine-klub se A-veld stil. By my is my meisie – kom ons noem haar Kristi – om te kom kyk na die hergeboorte van 'n rugbyspeler, 'n gewese eerstespanstut op hoërskool met gekneusde rugbydrome. Ek het steeds ver ente gedraf, maar kon nie meer my John Borland-gimfooi bekostig nie.

Gys gee vir my 'n trui en kouse om aan te trek en ek sluit my aan by my spanmaats wat in 'n kring staan en die bal vir mekaar gooi. Ander smeer hul bene met Deap Heat in, die arm man se pilates om jou spiere soepel en warm te kry.

Agter die pale staan die Yskor-manne in swart truie; party van hulle het 'n baard. Om die een ou se bene en arms is so-veel verbande gedraai, hy lyk soos 'n Egiptiese mummie – een met 'n baard. Eenkant staan vyf of ses van hulle en rook.

Ons kaptein is 'n ou met die naam Barries. Voor ons opdraf, bid hy eers en vra vir die Here dat daar nie te veel ernstige beserings sal wees nie.

In die eerste losskrum besef ek al hier is niks sosiaals aan hierdie wedstryd nie. Een ou stamp my onderstebo en ek is nie eens naby die bal nie.

"Lekker, Toggos!" hoor ek vaagweg iemand van die kant-lyn af roep.

Toe is daar 'n skrum. En wie is my teenstander? Toggos.

Ons bind en sak. Toggos se baard voel soos staalwol teen my wang. En toe verlaat ek die aarde. Ek hang in die lug tus-sen die twee pakke voorspelers en dit voel of my rug, sjoeps, net bokant my stuitjie gaan afbreek.

Halftyd sê Barries hy dink ek moet eerder heelagter speel, dan kan ons een flank in my plek stut speel. Die een vleuel kan weer flank speel, die heelagter vleuel, en ek heelagter.

Yskor loop toe reeds met iets soos 36 – 0 voor.

Vroeg in die tweede helfte gee Yskor se losskakel 'n hoë skop op my en ek staan en wag vir die bal, maar dis skielik asof die aarde se swaartekrag tydelik buite werking is. Die bal bly bokant my in die lug hang.

En hier kom Yskor se manne op my afgestorm met swart truie, soos lykbesorgers. Toggos met sy staalwolwange en die vyf of ses ouens wat netnou staan en rook het. Harde manne, almal van hulle, ouens wat bedags met ysters werk en Texan rook. Hulle kom vir my. Ouens met welige borshare wat moontlik die aluminiumknoppies onder hul stewels met 'n vyl skerpgemaak het. Uit die hoek van my oog sien ek in 'n flitsoomblik Kristi hou haar hande oor haar oë. Hier kom hulle, en die dekselse bal bly in die lug hang. Die een ou het 'n tatoeëermerk van 'n skeepsanker op sy voorarm en 'n ander een wangbaarde soos Thys Lourens, die Noord-Transvaal-kaptein. Hulle kom vir my, en die bal bly bokant my in die lug hang, en die ou wat heel voor is, kan ek ruik en hy ruik na Deep Heat.

En toe is dit ook verby. My laaste rugbywedstryd.

Rituele

Maar die 1980's was ook die dekade toe die WP vyf jaar agter-
eenvolgens die Curriebeker gewen het: 1982, 1983, 1984, 1985
en 1986. Na elkeen van daardie wedstryde het ek gekyk, op
TV of Loftus Versfeld, maar nie een keer op Nuweland nie.
Trouens, in al die jare wat ek WP ondersteun, was ek nog
net twee keer op Nuweland.

Gert van der Westhuizen, my vriend en medejoernalis, het
gewoonlik saam met my na die wedstryd in my woonstel ge-
kyk, want hy het nie 'n M-Net-dekodeerder gehad nie. Dikwels
het daar nog ouens saam met ons kom kyk. Iemand soos oorlede
Jan Taljaard, 'n joernaliskollega, wat een middag tydens 'n
rugbykykery gemaak het of 'n leë tweeliter-Cokebottel 'n
rugbybal is en dit oor my heining geskop en amper my ver-
ontwaardigde buurvrou getref het.

Ons het allerhande simpel rituele gehad. *Homo ludens* in
aksie.

- Voor ons die eerste dop drink, het ons na Meatloaf
  se "I will do anything for love" geluister.
- As die WP pale toe skop, het Gert met 'n brandende
  sigaret na die TV se skerm gewys.

- As die WP se teenstanders pale toe skop, lig jy jou voete.

Op 'n kol het ons 'n spesiaal gemengde bola, 'n mengeldrankie, voor, tydens en ná wedstryde gedrink. Ek kan nie die resep onthou nie. Ek weet grenadien was deel daarvan.

Daardie oggende, ná 'n harde wedstryd die vorige dag . . . Die leë glase wat oral in die sitkamer rondstaan, party met nog 'n bietjie flou brandewyn-en-Coke in, verwerp deur die laaste blokkies ys. Die leë botteltjies bier. Die oorvol asbakkies. In die kombuis in die wasbak 'n leë plastieksak waarin die ys vir ons dop was.

Mettertyd het ek vir my 'n manier gekry om nie die volgende oggend met 'n kopseer wakker te word nie. Die geheim is om agt glase water te drink voor jy gaan slaap. Maar soms is dit nogal moeilik om ná 'n taai wedstryd agt glase water gedrink te kry. Daarom het ek 'n plan uitgedink. Maklik: Jy kies agt glase en bekers uit jou kas. Jy kies dit nie sommer willekeurig nie. Jy verbeel jou jy kies, sê maar, jou beste agt Springbok-voorspelers, en kies daarvolgens 'n glas of beker wat daarby pas.

Frans Malherbe, die een stut, sal 'n groot koffiebeker kan wees. Eben Etzebeth 'n lang glas. R.G. Snyman, 'n slot van oor die twee meter, kan jy dalk 'n leë bierbottel maak. Kwagga Smit, jou flank, 'n stewige whiskyglas.

Dan pak jy jou agttal in skrumformasie uit, maak elke hol ding vol water, en drink dit een vir een op.

En siedaar! Geen hoofpyn môreoggend nie.

Zandberg Jansen

Die 1980's was ook die jare van Zandberg Jansen, rugby-
ghoeroe, wat in digterlike taal oor rugby op die TV gesels
het. Nadat ek vir drie jaar as misdaadverslaggewer vir *Beeld*
gewerk het, het ek 'n pos by *Huisgenoot* gekry. Dit was deel
van my werk om met rugbyspelers en -karakters te gesels en
oor hulle te skryf. Zandberg Jansen was een van die eerstes.

Zandberg is weer omgesukkel. "Kan jy glo, Sarvu wil my hof
toe vat?" In sy regterhand bewe 'n sigaret. "Hulle reken dis
laster. Dis mos sotterny, man."

Dít net omdat hy in die TV-program "Springbok barometer" na die ses nasionale rugbykeurders as "Snow White's six little bastards" verwys het.

Hy spot nou al jare met daardie ses kundiges op die gebied van span kies, noem hulle Sneeuwitjie se dwergies. "Ek ken vier van die ses persoonlik, waarom sou ek hulle onnodig wou kwets?"

Hy sit in die sitkamer van sy huis diep in Germiston, in 'n straat waarvan hy nie wil hê ek die naam moet noem nie. Hy is moeg vir ouens wat dreig om hom te kom regsien.

By die asbakkie op die tafeltjie voor hom lê 'n verkyker en boeke oor rugby, kuns en wyn. Oral teen die mure hang kunswerke van bekende Suid-Afrikaanse skilders – en 'n skildery van Frans Erasmus, loskopstut van die OP wat al 'n slag vir die Springbokke gespeel het.

Met 'n bal onder die arm storm Frans, ook bekend as Domkrag, op drie Walter Battisse teen die oorkantste muur af.

Arme Frans. Hy is vanjaar al weer nie vir die Springbokke gekies nie, al kies Zandberg hom nog jaar vir jaar.

Hy druk sy sigaret in die asbakkie dood en steek byna dadelik nog een aan.

Begin hy gesels, kom jy later nie meer agter hy is eintlik heeltemal doof nie. Die gevolg van verkeerde mediese behandeling meer as twintig jaar gelede.

Êrens in die huis lui 'n telefoon. Agnes Mohlubuli, Zandberg se huishulp, assistent en ore, antwoord.

Lippetaal lees Zandberg nogal maklik, veral as jy stadig vir hom sê: R-U-D-I-E V-I-S-A-G-I-E.

"Glo jy as Visagie vir die Vrystaat gespeel het, sou hy in

die span gewees het?" Hy trek sy skouers op. "Dis dicey, donners dicey."

Sê nou hy wat Zandberg is, was een van Sneeuwitjie se rugbydwergies? Hoe sou sy Springbok-span vir die toetse teen die Franse gelyk het? Goed, een is Frans Erasmus, wie nog?

Opeens swyg Zandberg.

Dit sal nie van pas wees nie, beduie hy, om nou in die openbaar twyfel op die spanlede te werp nie. Ná die tweede toets, ja.

Vyande het hy uiteraard heelwat. Nou die oggend vroeg lui die telefoon. Dis 'n vrou.

"Gaan sê vir jou baas hy is 'n kak," sê sy vir Agnes.

Getrou skryf Agnes neer, maar omdat sy 'n diep gods-dienstige mens is, voeg sy 'n hele paar ekstra a's tussen die twee k's in, in die hoop dat dit die woord sal versag.

Hoe lyk Zandberg se ideale keurder?

"Basies moet 'n keurder se anatomie begin met die strukturele skelet van kennis," sê hy. "Inherent nes sintaksis, analise en konteks in letterkunde is."

Zandberg is nie jou gewone rugbyghoeroe nie. Sy rakke is gelaai met goeie boeke: John Steinbeck, Ernest Hemingway, Breyten Breytenbach, Uys Krige. Hy het jare gelede gedigte in die letterkundetydskrif *Standpunte* gepubliseer. Hy en Breyten het in dieselfde uitgawe gedebuteer.

"Daar moet 'n brein wees," gaan hy voort. "'n Brein met ware logika. En logika moet uit noodsaak objektief wees. Die skelet moet oortrek wees met die vleis van volwaardige objektiwiteit."

Hy ontferm hom oor stutte omdat hulle so min erkenning kry. Teen sy mure hang foto's van Francois Baartman, Heinrich Rodgers en Adam du Plooy. Almal stutte. Dis nou behalwe die portret van Frans.

Zandberg wil nog nie die groot geheim uitlap nie. Wie is daardie "ou grote" vir wie hy altyd nag sê aan die einde van sy program?

Party mense meen dit is doktor Craven, maar niemand weet regtig nie. Al wat Zandberg wil sê, is dat dit 'n vriend van hom is, en dat die vriend nog in die openbare oog is. Daarom wil hy nie nou al sê nie, want dalk plaas dit hom in 'n moeilike posisie.

Bloemfontein toe

In 1991 het ek en Gert, ook 'n WP-ondersteuner, spesiaal van Pretoria af Bloemfontein toe gery om te gaan kyk hoe speel WP teen die Vrystaat. Die span wat die wedstryd sou wen, sou die volgende Saterdag teen Noord-Transvaal in die Curriebeker-finaal speel.

Op pad het Gert my vertel van hoe hy 'n vorige wedstryd in die Vrystaat-stadion gekyk het, hoe Vrystaat die WP geklop het. Ná die wedstryd kom hy 'n bruin man teë wat baie omgekrap is omdat die WP verloor het. Die ou het van die Kaap af gery om na die wedstryd te kom kyk. "Why do they pick some of these players? They do this every time. Who the hell is Johnny anyway?"

"Dit kan 'n lekker titel vir 'n boek wees," sê ek byna dadelik vir Gert.

'n Ware rugbyliefhebber het altyd 'n speler in sy eie span wat hy blameer wanneer sy span verloor of swak speel. Dit het nie soseer gegaan oor Johnny Joubert, die WP-haker nie, maar oor die mens se ewige soeke na 'n sondebok. Johnny Joubert was daardie ou se sondebok.

Gert is ook 'n WP-aanhanger in ballingskap. Is in die Vrystaat gebore en het daar grootgeword, maar ondersteun sy lewe lank al die WP.

Ek sien ons twee nog in sy aamborstige bruin Opel Kadett op die N1, rigting Bloemfontein, elkeen met 'n bier in die hand en Meatloaf oor die Opel se luidsprekers.

Oor die wedstryd wil ek nie veel sê nie. Dit het gelyk of die WP kan wen, maar toe, laat in die tweede helfte, met die WP op die aanval, gebeur dit: Charl Cronjé hardloop vir die WP met die bal, toe pass hy vir F.C. Smit, hulle is naby die doellyn, en Smit hardloop met die bal, en . . . toe is daar 'n kaal man op die veld, in niks meer nie as sulke lang wit kouse. En hy trek Smit plat. 'n Aangeklamde lid van die spesie *Homo ludens*.

Op die ou end verloor WP die wedstryd en die kaalnaeler word 'n tydelike held in die Noorde.

Stil stap ek en Gert terug na die Opel toe, elkeen met 'n broeksak vol gras wat ons gepluk het op min of meer die plek waar F.C. Smit deur die kaalnaeler getackle is.

Baenhoff, sou ons die volgende dag in die koerant sien, is die kaalnaeler se naam. Bryan Baenhoff.

In daardie tyd was ek 'n artikelskrywer vir *Huisgenoot* en dit was my werk om met Baenhoff by sy huis op Welkom te gaan gesels.

"Ek wou toilet toe gaan, eintlik. Die game het boring gelyk, jy weet? Toe stap ek by die pawiljoen af, toe kom die gedagte in my kop: Hoekom streak ek nie? Toe begin ek uittrek. Kom ons maak 'n grap vir die ou's op die pawiljoene. Toe ek op die veld kom, toe is ek kaal.

"Toe sien ek hier kom 'n speler aangehardloop, ek het nie eens gesien hy het 'n bal by hom nie. F.C. Smit. Toe gaan ek in posisie en gryp sy een been en hou daai been vas. Toe val hy.

" 'n Polisieman het my seer getackle. Maar hulle het my nie in die tronk gaan gooi nie. Ek het vir hulle gevra: 'Manne, kan ek asseblief net die einde van die game sien?' Toe sit hulle my agterin die poliesvan, maar ek kon die veld sien. Toe kyk ek na die game en cheer en goed daar agter in die van.

"Ek skreeu vir die Vrystaat, of course. Toe vat die polisie my na die polisiekantien toe en koop vir my drankies en party ouens vra my handtekening.

"Daardie Maandag toe verskyn ek in die hof. Openbare on-sedelikheid. Toe kry ek 'n boete van R600. Ek het veertien tjeks van R600 gekry wat ouens vir my gestuur het.

"My vrou was nie saam nie. Sy het by die huis gekyk. Sy

was in die kombuis besig, toe roep haar suster, wat voor die TV gesit het, haar en sê: Kom kyk gou. Toe sien hulle dis ek. Kaal. Op die veld. Ek, ek . . . Sy het my nie juis met ope arms by die huis ingewag nie."

Hertoelating

Die laat 1980's en vroeë 1990's was die tyd van my politieke ontwaking. Ek moet bieg: Die eerste keer toe ek kon gaan stem, het ek vir die Nasionale Party gestem. Ek het geweet van Steve Biko en Nelson Mandela en ander swart aktiviste, maar vir my was hulle terroriste en kommuniste wat gekry het wat hulle verdien het.

Maar in 1992 was Mandela al 'n vry man, 'n vredemaker wat selfs by tannie Betsie Verwoerd op Orania gaan tee drink het. Die rewolusie wat soveel mense voorspel het, het toe nie gekom nie. Ons het langtand geëet aan al die Toppers en Smash en ander voorrade wat Pa gekoop het vir die gevreesde dag wat hordes swart mense die strate in sou storm en ons sou vlug en iewers in die veld van ons noodvoorrade gaan lewe.

Op 17 Maart 1992 is 'n landwye referendum gehou waar-in wittes (hoe anders?) kon stem of ons ten gunste is van onderhandelinge met die ANC en ander eens verbode par-tye vir 'n nuwe politieke bedeling in die land. Ek het "ja" gestem – ja vir 'n nuwe land.

Intussen het ek al hoe meer begin lees oor wat apartheid alles aan die land en aan swart mense gedoen het. Op 'n dag het ek 'n boek in 'n tweedehandsboekwinkel gekoop: *The World of Nat Nakasa*. Nat Nakasa was eens op 'n tyd 'n prominente joernalis.

Daarin was onder meer artikels van Nakasa wat in die 1950's in die tydskrif *Drum* verskyn het. Ek was geïnteresseerd in die sogenaamde *Drum*-era, wat vir die swart stedelike kultuur min of meer was wat die Sestigers vir die Afrikaanse kultuur was. Dit was die era van Sophiatown en kwêla-musiek, Miriam Makeba, en eerwaarde Trevor Huddleston wat vir Hugh Masekela sy eerste trompet present gegee het. 'n Groep baie talentvolle joernaliste het destyds vir *Drum* gewerk: Can Themba, Casey Motsisi, Todd Matshikiza, en Nat Nakasa.

Nakasa het later 'n Nieman Fellowship gewen wat hom in staat gestel het om vir 'n jaar aan die Harvard-Universiteit in Amerika te gaan student. Maar ná daardie jaar wou ons regering hom nie weer toelaat in die land nie. Op die ou end het Nakasa sy eie lewe geneem, vol verlange en donker gedagtes oor Suid-Afrika.

In Maart 1992, skaars vyf maande ná die referendum, is Suid-Afrika hertoegelaat tot internasionale rugby, ná onderhandelinge in Harare tussen die regering, die rugbyraad en die ANC.

Op 15 Augustus 1992 het die Springbokke die eerste amptelike toetswedstryd in baie jare in Suid-Afrika gespeel, teen die All Blacks, op Ellispark in Johannesburg. Al voorwaarde was dat "Die Stem" nie voor die wedstryd gesing sal word nie.

Ek en my vriend Gert het kaartjies gekoop en saam met

my oom in sy mosterdgeel Ford Cortina Ellispark toe gery. Ons het eers wors gebraai en toe is ek en Gert na 'n kroeg in Ellispark se oostelike pawiljoen toe. Ons het elkeen 'n double rum-en-Coke bestel. Ons het dit nie vir mekaar gesê nie, maar ons was bang.

Daardie hele week lank het Afrikaanse dagblaaie voorspel die skare gaan voor die toets opstaan en spontaan "Die Stem" sing. Ek en Gert het besluit ons gaan bly sit en nie "Die Stem" sing nie. Ons bou nou aan 'n nuwe land, het ons vir mekaar gesê. Ná nog 'n rum-en-Coke elk het ek en Gert ons sitplekke op die oostelike pawiljoen ingeneem.

Toe draf die Springbokke op en ons skreeu en klap hande, en toe staan almal op die pawiljoene op, meer as sestig dui-send mense. Ek en Gert bly sit, terwyl die ander wegval met "Die Stem". Dit sal altyd vir my vreemd bly: Ek het glad nie vroeër daardie dag aan Nat Nakasa gedink nie, ons het ook nie oor Nat gepraat nie, maar daar op Ellispark se oostelike pawiljoen het ek 'n paar keer vir een van ons aanranders ge-skreeu: "Weet jy wie was Nat Nakasa?"

Toe die skare klaar "Die Stem" gesing het, nog voor almal weer hul sit kon kry, het ek iemand agter ons hoor skreeu. En toe ek omkyk, sien ek 'n vuis deur die lug skiet, en dit tref Gert teen die agterkop. Ons het wild na mekaar begin slaan, maar van die ander ouens op die pawiljoen het ons uit-mekaar gemaak.

Ná die wedstryd, gevul met 'n nuwe soort patriotisme – 'n besef die nuwe Suid-Afrika is onafwendbaar en ons wil deel daarvan wees – besluit ek en Gert ons wil vir Dok Craven en Steve Tshwete gaan soek en vir hulle dankie sê dat ons weer internasionaal mag rugby speel. Tshwete was aan die hoof van die ANC se onderhandelingspan wat deel was van hierdie deurbraak.

Wat 'n soektog was dit nie. Op 'n manier het ons die ouens by die toegang na die hoofpawiljoen omgepraat om ons te laat ingaan. My herinneringe is baie vaag, want majoor Moolman het ons help soek. Captain Morgan, die bekende rum, wat ons bevordering tot majoor gegee het.

In die hoofpawiljoen is tientalle losies en nêrens kon ons vir Dok Craven en Steve Tshwete kry nie.

Toe, iewers in ons soektog deur Ellispark se gange, loop ons vir dokter Ali Bacher, ons krieketbaas, raak en bedank hom vir ons hertoelating tot internasionale rugby. Effe oorbluf het hy ons hande geskud en onderneem om namens ons vir Steve Tshwete dankie te sê as hy hom sou raakloop.

Kort daarna het 'n veiligheidswag ons na die pawiljoen se uitgang begelei en gesê ons moet fokkof, ons is dronk. Kan jy dit glo?

Geboorte

Drie jaar later, in 1995, toe speel Suid-Afrika in die Wêreld-beker-eindstryd. Die wedstryd is in 'n asemteug verby. All Blacks 12, Suid-Afrika 12.

Op die veld: Francois Pienaar op een knie, broek te hoog opgetrek, die hoofseun van Witbank wat ons nou nodig het. Die spelers in 'n kring. Ekstra tyd. Nog nie te laat nie.

Ek bid oopoog en geluidloos, 'n blikkie Amstel in die hand: Here, ons het dit meer nodig as hulle.

Later is net sewe minute oor. Skrum naby die All Blacks se tienmeterlyn.

Joost gooi in.

"Die bal! Die bal!" Al woorde wat nog in jou mond oor is.

Joost tel agter op, na Stransky.

Die vlae hang stil in die wind, soos 'n cliché in 'n gedig.

Stransky skepskop en ons dra die bal met ons asem deur die dun Hoëveldse lug.

In Verwoerdburg en in Houghton, in Grassy Park en in KwaZakhele.

Op Alldays en Sannieshof dra ons die bal, in PE en Pretoria, in 'n sjebeen in Soweto, en op Petrus Steyn, op Loeriesfontein 'n smeulende sigaret vergete op 'n asbakkie se rand,

terwyl die bal styg, oor Brandvlei en Kenhardt, en ons op-
staan van 'n bierkrat in 'n taverne in Lusikisiki, 'n Weatherly-
bank in Plet, 'n bal-en-klou-stoel in Huis Fanie Jacobs op
Laingsburg. 'n Reënboognasie word gebore.

Dra ons die bal, op Garies, op Kroonstad, op Stilfontein.
In Tshing buite Ventersdorp.

Op 'n swart-en-wit Sonytjie se skerm op Eksteenfontein,
die koord by die venster uit en gekoppel aan 'n 1982-Mazda
323 se battery. Op Soekmekaar en in Knysna.

Met ons krom gebede en desperate drome. Dra ons die bal.
Op Calvinia en Matjiesfontein en Ladismith in die Klein-
Karoo. Dra ons die bal deur die pale.

Ons 15, All Blacks 12.

Madiba in sy nommersestrui op die veld, en ons, en Pie-
naar in sy wit broek: "We had forty-three million people
behind us . . ."

Die nabetragting van daardie wedstryd was intens. Ek en my
vriend Nardus Nel wou 'n oorwinningsdop in die Doorn-
fontein Hotel gaan drink. En toe ons by die kroeg instap, toe
is daar twee meisies agter die toonbank – bostukloos. En langs
my sit 'n oom en klap hard met sy plat hand op die toonbank
en roep hard: "Kom! Kom! Kom!" Toe kom een van die mei-
sies en plaas beide haar kaal borste op die plat kussinkie.
Toe haal die oom 'n vyftigrandnoot uit sy sak en gee dit vir
haar. Verdrietig.

Terug by die woonstel in Pretoria wat ek en my vriend
Gert gedeel het, het ook 'n taamlike chaos geheers. Toe ek so

drieuur se kant daardie oggend daar aankom, lê Gert op die bank in die sitkamer, een van die vensters is gebreek, en om sy hand is 'n vadoek gedraai. Glasstukke waar jy kyk. Toe Stransky daardie skepskop oorskop, het Gert uit vreugde, en oorspoel deur 'n golf van opgewondenheid, die ruit met sy vuis uitgeslaan.

Boonop het hy sy bril verloor toe hy in Sunnyside se strate saam met honderde ander, wit en swart, gaan dans en fees-vier het. Ek sal nooit vergeet nie hoe ek en Gert sesuur daar-die oggend Sunnyside toe ry, en hoe die son oor die stad opkom, om na sy bril te gaan soek. Hoe Gert my vertel hy en 'n swart polisieman het tydens die feesvieringe saam 'n sigaret staan en rook. Dit was asof ons 'n nuwe land in ry. Ons het nie sy bril gekry nie, maar dit was asof ons daar-die oggend met sagte, nuwe oë na die land kyk.

Skaars twee maande later het ek New York vir werk besoek. Daardie naam het weer by my opgekom: Nat Nakasa. Hy wat hier van die agtste verdieping van 'n gebou gespring het. Ek het besluit om na sy graf te gaan soek – en dit in die Ferncliff-begraafplaas buite die stad gevind. Op die graf was nie 'n steen of gedenkplaat nie. Niks. Dit was 'n plat stuk grond soos 'n rugbyveld.

Rugbyonthaal

Laatmiddag ry ek die dorp in, verby die vulstasie en die koöperasie. Voor die hotel staan 'n verbleikte rooi Golf waaraan 'n Venter-waentjie gehaak is.

Bulldog Disco & Sound, staan op die waentjie. *Klank vir alle geleenthede. Kontak DJ Okkie.*

Hopelik woon DJ Okkie nie hier nie en oornag hy net.

In die ontvangsportaal is alles wat 'n mens in 'n eensterhotel se portaal verwag: Die rubberplant in 'n pot in die hoek, skuins onder 'n skildery van pienk branders wat pienk op 'n pienk strand breek. Die silwer klokkie op die toonbank.

"Hi, kan ons help?" vra 'n stem voor ek die klokkie kan druk. Sy kan enigiets tussen vyf en dertig en vyf en vyftig jaar oud wees. Om haar oë is donker poele en aan elke vinger, insluitende haar duime, blink 'n ring.

"Ek het vir Meneer 'n kamer." Sy blaai haar register oop. "Ek wil u net waarsku: Ons het die rugbyklub se prysuitdeling vanaand hier. Dit kan dalk bietjie lawaaierig raak."

Dit is my vierde dag op die langpad. Ek is nie lus om nou 'n ander oornagplek te gaan soek nie.

My kamer is aan die agterkant van die hotel. Oor die bed

is 'n Pres Les-deken en die ou Telefunken-televisiestel op die laaikas vang net SABC3 op.

Buite is dit nou byna donker en van die hotel se voorkant af kom die klanke van die Klipwerf-boereorkes. Ek sal maar gaan kyk wat daar aangaan. Om in die danssaaltjie te kom waar die prysuitdeling gaan wees, moet ek deur die portaal stap.

Die gaste begin aankom.

'n Ou man in 'n klubbaadjie word deur 'n seun in 'n rolstoel ingestoot.

Daarna kom 'n man en 'n vrou by die deur in. Die man het ook 'n klubbaadjie aan, 'n grys broek en wit skoene. Hy is bles en het beslis 'n haardroër ingespan om sy hare hier aan die agterkant mooi reguit oor sy kraag te laat hang. Sy vrou dra 'n oranje broekpak.

Die man kyk in my rigting en wys na my langs die rubberplant. "Jy lyk vir my bekend. Is jy nie die skrywer nie?" Die man stap na my toe. "Ek's Wally." Wally gee my 'n papperige handdruk. "Ek geniet die goedjies wat jy skryf vreeslik. Is jy weer aan die rondry? Sal 'n eer wees om jou vanaand met ons te hê." Wally draai na 'n ouer man wat verby kom met 'n skinkbord vol glase. "Oom Wolfie, hierdie man is my persoonlike gas vanaand. Laat hy hom tuismaak. Al sy drankies is op my, hoor." Wally sit sy hand op my skouer. "Ek en jy gaan nog lekker kuier vanaand, my maat."

Die verrigtinge gaan begin. Stringe kreukelpapier hang van die saaltjie se dak af. Die meeste gaste sit reeds by die tafels wat oor die vloer versprei is. Voor, op 'n lae verhogie, is 'n mikrofoon en 'n tafel waarop die trofeë vir die wenners wag. DJ Okkie is langs die verhogie by sy klankgoed en luidsprekers waaruit nog Klipwerf-klanke kom.

Ek gaan sit by die tafeltjie wat oom Wolfie, wat ook die kroegman vir die aand is, vir my naby die toonbank agter in die saal reggemaak het. Dit is seker darem beter as om op 'n Pres Les-deken te lê en SABC3 te kyk.

Wally kom in sy wit skoene by een van die voorste tafels orent. Hy klim op die verhogie terwyl een of twee mense flouerig hande klap. Tik-tik op die mikrofoon: "Testing. Testing." Die klank word harder. "Testing, one, two . . ." Hy kyk na die agterkant van die saal. "Kan julle daar agter my hoor?"

"Jaaaa!"

"Dames en here, rugbyvriende, dis vir my 'n groot voorreg om 'n ieder en 'n elk van u vanaand hier welkom te heet." Wally se hand is in sy broeksak terwyl hy praat. "Baie welkom veral aan oom Boet, ons lewenslange erepresident." Hy wys na die ou man wat die seun vroeër in 'n rolstoel ingestoot het. "Ons het nie gedink ons gaan Oom ooit weer sien nie, oom Boet." Wally kyk oor almal uit. "Vir dié van julle wat nie weet nie, oom Boet se prostaat is onlangs uitgehaal en toe kom daar komplikasies."

"Shame," fluister 'n vrou effens te hard by een van die tafels.

DJ Okkie sien 'n gaping en speel 'n kort stukkie van Kurt Darren se "Kaptein": "Kaptein, span die seile. Kaptein, sy is myne . . ."

Daarna beduie Wally na die agterkant van die saal en heet my ook welkom. "Baie welkom ook daar agter aan ons vriend van die media."

Dit word 'n lang aand.

Wally roep die vrou van een van die klub se borge – 'n plaaslike paneelklopper – vorentoe om hom die trofeë te help uitdeel. Sy dra 'n swart leerromp en swart sykouse. Wally kyk met gulsige oë na haar en sê in die mikrofoon: "Is Engela darem nie mooier as 'n mens nie, vriende?"

Een ná die ander roep Wally die wenners na die verhoog: Die Beampte van die Jaar, die Afrigter van die Jaar, die tweede span se Agterspeler van die Jaar.

Elke wenner lewer eers 'n kort bedankingstoesprakie.

Die tweede span se Voorspeler van die Jaar, 'n rooikop-kêrel, raak bewoë tydens sy bedanking. "Eerstens, baie dankie aan my Skepper wat my die talent gegee het. My pa . . . hy . . . is in Maart oorlede." Hy hou die beker in die lug. "Hierdie een is vir jou, Pa."

Laastens is daar die Ondersteuner van die Jaar. "Ek is seker julle almal sal met my saamstem." Wally glimlag breed. "Niemand verdien dit meer as Louwtjie nie. Ek vra dan nou vir Louwtjie om die beker vir Ondersteuner van die Jaar te kom ontvang."

Die mense klap hande en DJ Okkie speel weer die eerste versie van "Kaptein", maar Louwtjie kom nie verhoog toe nie.

"Weet iemand waar Louwtjie is?" Wally kyk deur die saal.

"Hy's nog hier buite!" roep een. "Gaan roep hom!"

Een kêrel staan op en draf by die deur uit.

Ek staan ook op. Ek kyk nie of Wally sien ek stap uit nie. Opeens is ek moeg. Dit is my sewende dag op die langpad. Ek dink ek moet môre huis toe gaan.

25 September 1998. Die ambulans het Ma donkervroegoggend by die huis kom haal. Pa het my kom wakker maak om vir Ounooi, Ma se groot Africanis-hond, te kom vashou sodat hy nie die ambulansmanne byt nie.

Dit was 'n Saterdagoggend en ek het by hulle op Ventersdorp vir die naweek gekuier.

Die grootste deel van die dag het ek en Pa langs haar bed gesit. Dit was nóg 'n beroerteaanval. Die middag het ek vir Pa gesê ek gaan nou huis toe, met die wete dat WP die middag teen Grens speel. Later sal ek terugkom, dan kan hy weer 'n bietjie huis toe gaan.

By die huis het ek die TV aangeskakel. Grens was een van die swakste Curriebeker-spanne. Die spelers het heen en weer oor die veld gehardloop, en dit was vir my mooi. Die geordende chaos van 'n rugbywedstryd. Dit was duidelik die WP sou die wedstryd wen, maar soms is dit lekker om na sulke wedstryde te kyk. Jy kon ontspan en spelers se vaardighede bewonder.

Toe lui my foon. Dis Pa. Ma is nou net weg.

Ek kon nog 'n ruk langs haar bed staan, haar op die voorkop soen. My trane wou nie kom nie.

By die huis was die WP-wedstryd steeds aan die gang. Die TV staan in die kamer sodat Ma haar programme kon kyk, al wat sy in die laaste ruk gedoen het.

Ek het aan haar kant van die bed gesit waar sy vanoggend nog gelê het. Ounooi het by my op die bed gespring. Die WP het met meer as 30 punte voorgeloop. Ek het na die wedstryd probeer kyk, maar dit was asof die wedstryd in 'n ander land as ons s'n gespeel word.

Ek het na Ma se bedkassie gekyk: 'n botteltjie Vicks, 'n asbakkie, 'n pakkie Cameo-sigarette – en die spelers op die TV se skerm. "Kom, WP!" wou ek skreeu. "Speel my hartseer weg."

Eers toe het die trane gekom.

Nuweland

(Vir Wynand Claassen)

Die Laerskool Groote Schuur naby Nuweland se speelterrein is reeds vol geparkeerde motors toe ek by die hek indraai.

"Dis vyftig randjies vir die parkering, Meneer," sê die vrou by die hek. "En u mag maar braai, hoor."

Ek hou langs 'n rooi Uno onder 'n boom naby die skool se krieketnette stil. Oral staan mense by braaiers met rookwolke wat oor hul koppe talm.

Die stadion is so tien minute se stap hiervandaan. By die rooi Uno staan 'n swanger vrou en 'n man, albei in Stormers-truie. "I wanna know, have you ever seen the rain? Comin' down on a sunny day . . ." pomp Creedence Clearwater Revival uit die Uno.

Maar dit gaan nie vandag op Nuweland reën waar die Stormers teen die Sharks speel nie. Die hemel is oop en blou, en die wind waai nie.

Party mense stap al stadion toe. Baie van hulle het Stormers-truie aan. Ek het nie 'n Stormers-trui nie en my Stormers-pet het ek by die huis vergeet. Deesdae word dit byna van jou verwag om die trui te dra van die span wat jy ondersteun.

Jy gaan nie eintlik meer bloot as jouself na 'n stadion toe

nie. Hier en daar sal jy 'n oom in 'n rugbybaadjie sien wat al effe te klein vir hom is. As jy 'n kind is, het jy nader gegaan en probeer kyk watter span se wapen is op die baadjie se bosak. Was dit net 'n gewone dorpspan se wapen, was dit altyd 'n teleurstelling.

'n Paar mans en van die groter seuns sal hoogstens rugby-kouse – hul skool of hul klub s'n – na 'n stadion toe dra, maar 'n Springbok- of provinsiale trui sien jy nêrens. Dit is iets wat jy op die veld moet verdien, word geglo.

Niemand wat hier saam met my stap, dra 'n kussinkie saam nie. Eens op 'n tyd het jy nie sommer rugby toe gegaan son-der jou kussinkie nie, dikwels 'n groene met 'n springbokkop op wat al dof gesit is.

Daardie kussinkies, tesame met 'n lapelwapentjie van jou span, was min of meer al aandenkings wat jy in rugby se ama-teurdae by die stadion kon koop.

Ek stap in Whitestraat af, al langs die spoorlyn. Jy sien die katedraal. Pawiljoene. Spreiligte. Vlae.

Nuweland.

Ek is van altyd af 'n WP-ondersteuner, maar ons het ver van die Kaap af gewoon. Ek het nooit hier kom rugby kyk nie. En tog was ek hoeveel keer hier, eers saam met Gerhard Viviers – ou Spiekeries – oor die radio. Later, toe TV kom, kon ek iets meer van 'n wedstryd in die ou stadion ervaar.

Links is die Spoorweg-pawiljoen waarvan Spiekeries al-tyd oor die radio gepraat het, weet ek sommer.

Daar is nie nou tyd vir 'n vinnige dop in die Duikboot-kroeg by die Nuweland-stasie agter die stadion nie. Dit voel meer of ek op pad is na 'n plegtige afskeidsgeselligheid as 'n rugbywedstryd.

Ek het op die ingewing van die oomblik besluit om te kom nadat die soveelste berig vanoggend in die koerant was van die WP-rugbyunie wat na die Kaapstad-stadion in Groenpunt wil verskuif. Die unie het reeds 'n koper vir Nuweland, 'n groot maatskappy wat Nuweland wil herontwikkel in iets anders as 'n stadion.

Die kaartjiekantoor is agter die hoofpawiljoen. In die ondersteunerswinkel langs die kaartjiekantoor wemel dit van die mense. Bryan Habana glimlag van 'n plakkaat af. Koop 'n trui. Koop 'n vlag, 'n serp, 'n onderbroek, 'n asbakkie. Koop 'n borslap met die Stormers-wapen daarop vir jou baba. Koop, en gee, o, gee jou hart vir rugby.

Ek koop 'n kaartjie vir die Danie Craven-pawiljoen en mik soontoe. Drie manne kom van voor af gestap.

Een dra Crocs by sy Stormers-trui. "Onthou net," sê hy vir sy vriende, "as ons mekaar verloor, kry ons mekaar ná die wedstryd hiér."

My pa het dikwels voor 'n wedstryd ook só met my en Ma afgespreek.

Op die sypaadjie naby die Danie Craven-pawiljoen staan 'n tafel met lekkergoed en pakkies grondboontjies. Agter die tafel sit oom Harry en tannie Gwen Abrahams. Hulle verkoop al jare voor wedstryde hul goedjies hier.

Oom Harry, wat al drie en tagtig is, het in die jare vyftig die eerste keer op Nuweland kom rugby kyk. Dit was in die tyd toe al plek waar hy as 'n bruin man toegelaat is, die sogenaamde Maleier-pawiljoen was. Hier waar die Danie Craven-pawiljoen nou is.

My sitplek is agter 'n pa en sy seuntjie. Dit was deel van grootword: Jou pa wat jou neem om na jou eerste groot rugbywedstryd in 'n stadion te gaan kyk.

J.M. Coetzee beskryf 'n besoek van pa en seun aan Nuweland in *Summertime*.

> He and his father sit side by side on the north
> stand, watching the curtain-raiser. Over the day's
> proceedings hangs an air of melancholy. This is the
> last season when the stadium will be used for club
> rugby . . . Men who used to spend their Saturday
> afternoons at Newlands now prefer to stay at home
> and watch the game of the week.

Nou is dit asof 'n groot wedstryd 'n TV-produksie geword het.

'n Stem oor die luidsprekerstelsel verwelkom ons by DHL Nuweland. In die laaste dekade was Nuweland ook al Norwich Park Nuweland en Fedsure Park Nuweland.

Die Sharks draf in wit truie op die veld, hoewel hulle tradisioneel eintlik in swart speel. Die Stormers is in blou-en-wit, maar hulle het ook al 'n slag in swart gespeel, toe in wit. Toe dit nog die Super 10 was, was hulle truie oranje en blou en, wel . . . Ek het al vergeet watter kleur dit was.

En elke keer moet jy maar die nuwe trui koop as jy 'n ware ondersteuner wil bly.

Die afskorting tussen die veld en die pawiljoene is nou 'n lang elektroniese advertensiebord waarop 'n reeks produkte

meeding om jou aandag te kry: Absa, Adidas, DairyBelle . . .
En dan is daar die groot TV-skerms wat knaend jou oë van
die veld af trek: Gaan die kamera nie dalk op jou stilstaan
nie? Gaan jy nie dalk op TV wees nie?

Die spanne draf op die veld. Nou is my sinisme getem-
per oor wat rugby geword het.

Is daar iemand wat nog nie die opwinding van 'n groot
rugbywedstryd beleef het nie, veral in 'n stadion soos Nuwe-
land? Dit is asof jy nader aan jou emosies is, alles intenser
ervaar: vreugde en teleurstelling, ook woede, maar 'n impo-
tente soort woede. Frederick Exley se . . . *an island of direct-
ness in a world of circumspection.*

Daar is niks postmodernisties en woke aan Eben Etzebeth
toe hy bal in die hand veldop storm nie.

Die eindfluitjie blaas ná tagtig-plus minute waarin die lewe
sonder ingewikkelde vrae en verwikkelde lyne was. Die Storm-
ers wen die wedstryd.

In haar gedig "Die dag op Nuweland" satiriseer Jeanne
Goosen wat hier gebeur:

       die dag is pers en die son skyn oor alles
toe die eindfluitjie blaas
       brul en skud die hele pawiljoen
sodat die potsierlike hoedjies
      teen 'n ontstellende spoed op en af
op en af
    wip

Die advertensieborde langs die veld bly rol: *DHL – We move the world* . . .

Die eerste rugbywedstryd is in 1890 hier gespeel. Ek sien Carel du Plessis langs die kantlyn afhardloop, Morné du Plessis wat eers oor die skrum loer voor hy op agtsteman sak. John Noble wat die eerste gekleurde speler sou word om 'n drie hier te druk. Dok Craven wat op die veld staan met 'n Moslem-fes op sy kop die dag toe die Craven-pawiljoen geopen is. Pieter Hendriks se drie teen Australië in die openingswedstryd van 1995 se Wêreldbeker-toernooi.

Dit is of iets van daardie melankolie waarvan J.M. Coetzee praat nou hier in die lug hang. Die skuif na die nuwe, moderne Groenpunt-stadion is onafwendbaar. Hierdie ou plek met sy oneenderse pawiljoene het 'n anakronisme geword vir die rugbybase met balansstate wat moet klop.

Nuweland behoort as erfenisterrein verklaar te word.

Die outjie voor my staan langs sy pa met sy handjies om die reling gevou, die ene oë vir wat op die veld gebeur. Ek wens ek kon nog met soveel verwondering na alles kyk.

Koebaai, Nuweland. Koebaai.

Ek stap agter die hoofpawiljoen verby, terug na my bakkie toe. Drie meisies in kort rompies staan voor in die pad. Een druk 'n brosjure in my hand: *Visit Teazers in Bellville. Free shooter on arrival.*

Uit die Duikboot-kroeg kom lawaai.

Nou is dit kortpad huis toe.

Wêreldbeker-toernooi, 2015

Springbokke 32 – Japan 34

Dit is diep in die tweede helfte, en ek is al weer die man wat ek nie wil wees nie. Ek staan voor die TV in my sitkamer op Jacobsbaai met 'n glas Old Brown Sherry in die een hand. Al drank wat ek in die huis kon vind.

In my ander hand is my selfoon, wat pas weer gepiep het.

Nog 'n SMS. Hierdie keer is dit Moos, my vriend van Pretoria. "Zane Kirchner lyk vir my nes Happy Sindane," sê hy.

Maar daar is nie nou tyd om Moos te antwoord nie. Nog net agt minute oor, en die Bokke loop met drie punte voor teen Japan: 32 – 29. Dis oorlog en, Pearl Harbor-agtig, kom hulle vir ons.

"Doen iets!" skreeu ek. "Doen net fokken iets!"

Ek wou nie eens na die wedstryd kyk nie. Ons teen Japan. Die eerste twintig minute van die wedstryd het ek op die bank gelê en lees. Ek bedoel, heng, die dag as ons Japan nie meer kan wen nie.

Weer piep my selfoon. Nog iemand met een of ander simpel opmerking. Ek het opgehou om my vriende voor, tydens en ná wedstryde te sms, te whatsapp of te bel. Ek probeer rugby benader soos die middeljarige man wat ek geword het. Met waardigheid. Nie te veel skreeu en raas en vloek nie. Nie te veel drink nie.

Maar die Japannese is knaend op die aanval, en ek begin verval in ou gewoontes. "Doen net fokken iets!"

Die volgende oomblik is Bryan Habana op die skerm. "Waar's jou selfiestok?" gil ek. "Hoekom gaan haal jy nie nou jou selfiestok nie?"

Twee dae gelede was daar 'n foto van Habana in die koerant waar hy met 'n selfiestok – waarby jy jou selfoon kan inskuif om beter foto's van jouself te neem – in die hand staan en 'n foto van homself saam met van sy aanhangers neem. Sulke dinge begin my pla wanneer dit op die veld met die Bokke sleg gaan. Soos nou. Die vet weet, 'n Springbokrugbyspeler behoort nie 'n selfiestok te hê nie. Stel jou voor Frik du Preez of Mannetjies Roux staan met 'n selfiestok en foto's van hulself neem.

Ek gaan sit weer op die bank, en probeer kalm bly.

"Who would have believe it would come to this?" vra Joel Stransky, wat saam met een of ander Australiese kommentator die wedstryd uitsaai.

Steeds 32 – 29.

Ek luister na die Engelse kommentaar. Kobus Wiese en Toks van der Linde lewer die Afrikaanse kommentaar, maar ek kan nie na hulle luister nie. Ek sit die hele tyd hulle taalfoute in my kop en regmaak en kry nie na die wedstryd gekyk nie.

"Fokken keer net!"

Hier kom die Japanners weer. Losskrum, pass, storm, losskrum, al hoe nader aan ons doellyn. Ek ken nie een van die Japanners se naam nie. "Tackle vir Bruce Lee!" Bruce Lee, weet ek, was eintlik 'n Amerikaner, maar hy is al Oosterse sportman waaraan ek vinnig kan dink. "Tackle vir fokken Bruce Lee!" Die volgende oomblik doen ek dit. Ek bid 'n stil, desperate gebed in my gedagtes: "Here, laat ons hierdie een wen. Ons is reeds so platgeslaan, laag en platgeslaan in hierdie land. Help, asseblief . . ."

Ek kan voel wat met my begin gebeur, maar ek kan dit nie keer nie. Ek stap heen en weer voor die TV met die glas OBS in my hand en skreeu bevele op die spelers, 'n verbitterde, beterweterige weergawe van Dok Craven langs Coetzenburg se A-veld. Kort-kort wys hulle Heyneke Meyer op die skerm. Ek is bekommerd oor Heyneke. Iets is nie lekker met sy nek nie. Hy wieg sy kop knaend heen en weer en vat aan sy nek. Tussendeur gee hy driftige bevele oor 'n mikrofoontjie vir iemand langs die veld. Druk die Bokke 'n drie, gaan hy woes tekere. Heyneke laat my aan iemand dink, maar ek weet nie wie nie.

Die Japanners bly op die aanval.

32 – 29.

"Lekker, Bosbokrant!" skreeu ek toe Trevor Nyakane vir Beast Mtawarira vervang. Iewers het ek gelees Nyakane is op Bosbokrant in Mpumalanga gebore. Die Japanners kom net, hulle kom. Losskrum, pass, storm, losskrum. "Fokken keer net!"

Só 'n wedstryd is 'n emosionele reis. Eers die volkslied: "Ons vir jou Suid-Afrika." Dan die afskop. Gryp hulle! Maar iets lyk nie lekker nie. Toemaar, die manne is net verroes. Hulle sal regkom.

Later is dit rustyd. Nou sal Heyneke met hulle praat. Hierna sal iets gebeur. Dit kan een van daardie wedstryde word waar Joel Stransky ná die tyd vir Heyneke vra: "What did you tell the guys at half-time, Heyneke?" En dan glimlag Heyneke net geheimsinnig. Maar dit lyk nie of dit vandag só gaan wees nie.

In die derde minuut van beseringstyd, met die Bokke 32 – 29 voor, is die Japanners weer by ons doellyn.

"Doen net fokken iets!"

Heyneke is weer op die skerm, en opeens weet ek aan wie laat hy my dink: daardie figuur in Edvard Munch se skildery "The Scream".

Japan het die bal. Moos is reg: Zane Kirchner lyk nogal na Happy Sindane.

Losskakel. Senter. Heelagter. En hy is deur, hulle heelagter, en hy druk hom in die hoekie. 32 – 34!

Die fluitjie blaas. Dis die einde van die wedstryd, en die begin van iets nuuts – iets waarvoor ek nog nie woorde het nie. 18 September 2015.

"One of the most famous victories in the history of sport, I would go as far as saying," gaan Joel Stransky tekere. "It's a rugby miracle!"

Die Old Brown Sherry is op. Ek sak op die bank neer.

Heyneke Meyer is weer op die skerm. Het ek reg gekyk?

Kou hy sy naels? Hy lyk na 'n eensame man, een met 'n stywerige nek, omring deur twee of drie tegniese raadgewers, 'n voorspeler, 'n agterspeler en skopafrigter, 'n sielkundige, twee fisioterapeute en diverse ander helpers.

Ek kry dit nie reg om vir Heyneke kwaad te wees nie. Nes soveel ander van ons Afrikanermans is hy vasgevang tussen twee wêrelde. Hy het grootgeword in die ou Suid-Afrika waar dissipline en kragdadigheid alles was as jy wil wen, maar om in die nuwe land, die nuwe wêreld, te floreer vereis kreatiwiteit en die moed om oorspronklik te wees. Ook op die rugbyveld. Of is ek verkeerd?

Die spanne wat Heyneke afrig, maak hoofsaaklik staat op kragdadigheid. Groot, sterk spelers. 'n Skoppende losskakel. Kragtige senters wat hul man in die middelveld kan staan, reguit teen hul teenstanders vas. Krag, krag, krag. Verbeeldingloos vorentoe.

Ek klim in my bakkie en ry na die Weskusplek toe, die enigste kuierplek op Jacobsbaai wat dié tyd van die aand nog oop is. Ek het die behoefte om stemme rondom my te hoor.

Voor, tydens en ná 'n groot rugbywedstryd op televisie het ek dikwels die behoefte om met mense te praat. Huidige vriende, selfs lank verlore vriende. Almal mans.

Op pad na die Weskusplek kry ek nie een kar langs die pad nie. Ons dorp het tot stilstand gekom. Oral is mense op huise se stoepe. Party het glase in die hand, en jy kan die gesprekke hoor: Wat maak al die ou manne in die span? Hoekom skop hulle nie uit nie? Hoekom hardloop hulle nie meer kere met die bal nie?

Op hoeveel duisende plekke in die land, in stede en op dorpe en in townships en op plase, gaan dit nie nou presies dieselfde nie? Dis asof vyftien Japannese ons vandag elkeen persoonlik beledig het, vir ons gesê het: Julle is te oud, julle is te stadig, julle is verbeeldingloos.

Links by die kruising. Na Paternoster se kant toe verlig Cape Columbine se vuurtoring die hemel, en verdwyn weer. Môre sal die koerante vol berigte oor die wedstryd wees. Die opskrif op *Rapport* se voorblad sal moontlik wees: *Bokke pleeg harakiri.*

Alles so voorspelbaar. Bokkie Gerber gaan Heyneke Meyer se spankeuse kritiseer, maar aan die einde van sy rubriek sal hy sê Meyer verdien 'n kans. Nêrens sal jy iets oor Heyneke se nek lees nie. Iemand sal wel skryf die belangrikste rede dat die Bokke verloor het, is transformasie. Kwotas. Inmenging deur die politici. Derduisende mense gaan daarmee saamstem, en byna almal wat daarmee saamstem, sal wit wees. Iewers sal ook een wees wat sê rugby het te belangrik vir te veel mense in die land geword. God is die antwoord. Suid-Afrika moet terugkeer na God.

Die Weskusplek se ligte brand helder en duidelik. Ek herken al die rygoed op die parkeerterrein: prof Piet se bleekblou Hyundai, uncle Mike se Bantam-bakkie, Theo se Ford Ranger. Hulle het gebraai voor hulle na die wedstryd op die grootskerm gekyk het.

Nêrens sing Leon Schuster nie. Nêrens lag iemand nie. Op die tafel staan 'n bak aartappelslaai waaruit omtrent net een of twee skeppe geneem is. Om die uitgebrande vuur sit vyf of ses mense in die donker: prof Piet en sy vrou, Retha, uncle Mike, Nico en Hannelie, Theo en Elize, en 'n paar ander. Stil, somber, asof hulle pas van 'n dierbare vriend se begrafnis af gekom het.

Prof Piet, afgetrede hoogleraar in die regte, praat eerste. "Daar het vandag 'n paradigmaverskuiwing plaasgevind." Hy vat 'n diep sluk van sy wyn.

Ek wil eers lag, maar miskien is prof Piet reg, hoewel ek nie presies seker is wat 'n paradigmaverskuiwing is nie.

Tannie Retha vertel hoe hulle huiswerker haar vroeër in die dag uit die township gebel het om te hoor hoe laat die wedstryd begin. Dié wou ook iewers na die wedstryd gaan kyk.

Uit die donker kom Henry, die polisieman van Vredenburg wat ook op Jacobsbaai woon. "Het iemand vir my 'n bier? Ek en my laaitie het die game gekyk," sê hy asof dit as verduideliking moet dien. "Ons sit daar, en toe die wedstryd klaar is, toe vra my laaitie: 'Verloor ons rêrig, Pa?' 'Ja, ons verloor, my kind,' sê ek. Toe huil my laaitie snot en trane. Nou't ek 'n bier nodig."

Theo bring vir hom en vir my elkeen 'n bier en ons gaan sit in die kring by prof Piet-hulle.

"Teen wie speel ons volgende Saterdag?" vra Elize.

"Samoa," antwoord prof Piet.

"Ons sal hulle moet wen," sê Henry. "Anders weet ek nie."

Springbokke 46 – Samoa 6

Die week verloop voorspelbaar: In elke koerant word oor die nederlaag teen Japan geraas en gekla. Oor die TV. Op Facebook. Op Twitter. Koppe word geëis. Beskuldigings geslinger. Ek is moeg van middeljarige wit mans se mening oor rugby, moeg vir daardie woorde: transformasie, kwotas. Transformasie dit, transformasie dat. Ek wil die ander kant van transformasie sien. As daar 'n ander kant is.

Ek wonder weer oor Trevor Nyakane wat op Bosbokrant gebore is. Word rugby nie net in die Oos-Kaap tradisioneel deur swart mense gespeel nie? Ek begin rondbel en kan nie mooi glo wat ek hoor nie. Trevor Nyakane was nog op laerskool toe sy rugbytalent deur dominee Jan Truter, 'n Hervormde predikant op Letsitele, raakgesien is. Hoekom lees 'n mens nie hierdie goed in die koerant nie?

Ek bel dominee Jan. Hy bevestig dit: Trevor was in standerd twee in die Laerskool Gravelotte toe hy hom die eerste keer sien speel het. "Ek kon sien die mannetjie het talent."

Dominee Jan het help sorg dat Trevor 'n beurs kry om na die Hoërskool Ben Vorster op Tzaneen toe te gaan. Op skool was Trevor se bynaam Vettie. Trevor se pa is 'n hekwag by 'n myn naby Gravelotte, vertel dominee Jan.

Ek sit my selfoon neer, meld op die internet aan en bespreek vir my 'n vliegkaartjie van die Kaap af Johannesburg toe.

"No problem," sê Lerato agter die toonbank in die Gravelotte-kafee anderkant Tzaneen in Limpopo. Sy sal die Springbok-voorryman Trevor Nyakane se pa se nommer vir my kry.

Sy tel haar ou Nokia langs die kasregister op en bel iemand. 'n Lang gesprek volg. Al woord wat ek verstaan, is Nyakane. Daarna bel sy nog iemand, en nog iemand. Sy skryf die nommer op 'n servet neer.

"It's fine. You can phone him now." Sy gee die servet vir my.

Dis net ná twee in die middag, dit is 30-plus grade, en die waaier met die breë wit arms teen die kafee se dak veg vergeefs teen die hitte. Die Springbokke speel oor 'n paar uur teen Samoa in Londen. Skuins oorkant die kafee is 'n slaghuis en 'n drankwinkel. Gravelotte se sakekern. Onder 'n boom langs die slaghuis lê 'n man en slaap naby 'n tafel waar 'n ou vrou piesangs en lemoene en mango's verkoop. Ek is vieruur vanoggend al uit Pretoria weg, noord met die N1 tot op Polokwane, en toe met die R45 deur Magoebas-kloof en Tzaneen tot hier. Ek wens ek kan 'n ruk langs daardie man in die koelte gaan lê.

Ek bel die nommer op die servet. Ja, hy is Trevor Nyakane se pa. Norman. Sal hy omgee as ek vanmiddag se toetswedstryd in Londen by hom kom kyk?

"Please. Come. I'll show you the real truth."

"Can I bring some meat, uncle Norman?"

"Please. Bring."

"How many are you?"

"Six."

"And something to drink?"

"I drink Amstel. They drink Stoney."

Ek koop steak en wors en twaalf Amstels en ry soos uncle Norman verduidelik het: links hier, regs daar. Later is ek in 'n klein township naby 'n myn, so twintig kilometer buite Gravelotte.

Uncle Norman staan in 'n Springbok-trui voor 'n huisie met 'n kaal voortuin. Agterop die trui is 'n nommer 17. Trevor het sy eerste toetswedstryd in daardie trui gespeel.

Langs die voordeur is 'n hen-en-kuikens in 'n asbesbak.

"No!" roep uncle Norman toe ek voor die deur wil parkeer. "Go to the back." Hy beduie na die agterkant van die huisie.

Hy het spesiaal sy ou Hilux-bakkie onder die ietwat verslete afdak agter die huis uitgetrek sodat ek daar kan stilhou.

Die huis het vier vertrekke. Teen die muur hang 'n foto van Trevor in sy Springbok-trui wat uncle Norman geraam het in een van hierdie rame wat jy by 'n China shop koop.

Teen 'n ander muur is 'n foto van biskop Barnabas Lekganyane, leier van die Zion Christian Church. Auntie Agnes, Trevor se stiefma, kom uit die kombuisie, 'n groot vrou met 'n ZCC-wapentjie op die bors. Sy kan nie Engels of Afrikaans praat nie. Trevor se ma is oorlede toe hy nog op skool was. Auntie Agnes is 'n ZCC-tannie. 'n Week gelede, voor die Wêreldbeker-toernooi begin het, het uncle Norman-hulle spesiaal Moria toe gery, die ZCC se vatikaan naby Polokwane, om vir Trevor wat daar ver oorsee is te gaan bid.

Uncle Norman gaan sit op die bank en vertel Trevor wou eers net sokker speel, tot dominee Jan Truter hom sien rugby speel het. En vanmiddag speel Trevor doer ver anderkant die water vir die Bokke.

Uncle Norman was 'n hekwag en 'n kantoorassistent by die myn, maar is nou afgetree. Trevor het sy eerste toetswedstryd vir die Bokke in 2013 in Mbombela, die ou Nelspruit, gespeel. Hulle het soontoe gery en die aand voor die toets in die Hilux naby die stadion oornag. "We wanted to surprise Trevor."

Ons gaan nie hier rugby kyk nie. Ons gaan by Trevor se susters, Abigail en Rhulani, na die wedstryd kyk. Hulle woon hier naby in 'n ou mynhuis wat Trevor vir hulle huur. Ons skommel deur slote en oor klippe, deur Afrika, deur die township, in die ou Hilux, tot by die mynhuis waarin Abigail en Rhulani woon. Dié twee het ook Springbok-truie aan, elkeen met 'n nommer 17 op die rug, en hul hondjie Chico begin dadelik vreeslik vir my blaf.

Blaf, blaf, blaf, terwyl almal hom probeer stilmaak, en uncle Norman aanhoudend sê: "Sorry . . . Sorry . . ."

Ek wil nie sulke dinge dink nie, maar ek kan nie help om te wonder nie: Blaf Chico so vir my omdat hy nie dikwels wit mense op hierdie werf sien nie?

In die kombuis is 'n nuwe yskas. In die sitkamer is 'n nuwe grootskerm-TV. In die een slaapkamer staan 'n nuwe oefenfiets – alles goed wat Trevor vir hulle gekoop het.

Teen die sitkamermuur, byna soos 'n klein huisaltaar, hang die Springbok-vlaggie wat Trevor in 2013 ná sy eerste toetswedstryd teen Skotland op Mbombela gekry het onder 'n foto van sy oorlede ma.

Abigail en Rhulani staan op aandag toe die volkslied speel en sing hard saam. Ek en uncle Norman staan ook op en brom saam, elkeen met 'n Amstel teen die bors.

Toe is dit die afskop, en toe . . .

In die volgende twee ure gebeur 'n klomp dinge, terwyl die Springbokke teen Skotland hoeveel duisend kilometer van hier af speel.

Uncle Norman en auntie Agnes en sy dogters praat Sjangaan met mekaar, maar kort-kort hoor ek 'n speler se naam: Habana, Matfield, Pollard, Le Roux – name wat soos katoë skitter op die donker, onbekende pad waarop ek is.

Later gaan haal uncle Norman vir ons elkeen nog 'n Amstel, en toe hy die botteltjie vir my gee, praat hy die eerste keer met my Afrikaans: "Pla die muskiete jou nie?"

Halftyd, met die Springbokke wat voorloop, gaan steek ek en Abigail die vuur aan in die braaiertjie agter in die jaart. Chico storm weer op my af en blaf en blaf vir my, totdat uncle Norman hom optel en in 'n kamer gaan toemaak.

Toe is dit die tweede helfte, en toe die twee-en-twintigste minuut van die tweede helfte; en toe, skielik, is hy op die skerm: Trevor Nyakane, hulle Trevor, Nommer 17. Ons Trevor.

Uncle Norman leun oor en sit sy hand vlugtig op my skouer, asof hy wil seker maak ek sien dit. Abigail en Rhulani kom regop en roep: "Bhuti! Bhuti!", terwyl auntie Agnes met albei hande vir die skerm waai, en ek . . . begin huil. Hoekom? Dis net 'n gewone gesin wat bly is omdat een van hulle vir die Springbokke speel. En tog, party gewone dinge is nie gewoon in hierdie land nie.

"I just want to go to the toilet." Ek gaan staan 'n ruk buite op die stoep. Dis al donker. In 'n droë bedding merk ek iets: 'n tuisgemaakte oefenapparaat. Twee koffieblikke gevul met sement, verbind met 'n besemstok. As laaitie het my oorlede pa my gehelp om so een te maak. Jy kon daarmee oefen asof dit 'n stel gewigte is.

Uncle Norman kom staan by my op die stoep. Die Bokke het gewen: 46 − 6.

"I helped Trevor with that." Hy wys na die tuisgemaakte koffieblikapparaat. "He was small. Maybe ten. He had dreams." Hy staar 'n ruk die donker in. "Now he's in London. You should see his watch. I think it costs over seven thousand."

Auntie Agnes kom by die deur uit. Sy sê iets vir uncle Norman.

"We must go now," sê hy. "We're still going to church."

Laataand ry ek onder die sterre terug in Tzaneen se rigting. Oor RSG is "U eie keuse" aan die gang. Pavarotti sing: "Dilegua, o notte! Tramontate, stelle!"

Oorlede Ma het my altyd vertel hoe sy na "U eie keuse" geluister het toe sy my verwag het. My selfoon piep. Uncle

Norman. Hulle is klaar by die kerk. Hy wil net weet of ek veilig ry.

Ek hou langs die pad stil en ons gesels 'n ruk. Buite bewe die veld van insekte.

Onthou net, sê hy toe ons amper groet, Trevor se regte naam is eintlik Ntando – Ntando wat "God se wil" beteken.

Vleis

Die volgende oggend probeer 'n skelm my gehuurde Figo oopbreek terwyl ek in Checkers op Tzaneen is. Hy beskadig die deur se slot só dat ek by die passasierskant moet inklim. Dis nogal simbolies, dink ek terwyl ek na Tzaneen se polisiekantoor begin soek, ek het 'n passasier geword op 'n reis waarvan ek nie weet waar dit gaan eindig nie.

In die aanklagkantoor is net 'n enkele inspekteur aan diens. Hy praat met 'n ouerige man in 'n geruite hemp en 'n kakiebroek. Ek lei af die ouerige oom is 'n boer.

"You must write that down," sê hy vir die inspekteur. "They came onto my farm and poisoned my dogs, all three of them. You must write it down . . ." Honde wat vergiftig word, kan maklik 'n voorteken wees dat 'n aanval op hom beplan word.

Die inspekteur bel 'n speurder om met die boer te kom praat.

Die oom staan my en dophou terwyl ek my beskadigde deur aanmeld, net om 'n saaknommer te kry om vir die huurkarmense te kan gee. Toe ek by die deur wil uitgaan, kom die oom na my toe. Op soek na iemand om sy frustrasies mee te deel. Hy vertel my hoe 'n trop beeste op Letsitele glo mense se tuine vertrap en die plante opvreet, maar die plaaslike polisie en die munisipaliteit wil glo niks daaraan doen nie, want die beeste behoort aan 'n toordokter. Almal is bang die toordokter laat allerhande donker goed met hulle gebeur as hulle die beeste uit die dorp jaag.

Ek ry oor Mashishing, die ou Lydenburg, terug Pretoria toe. Op Lydenburg koop ek die plaaslike koerant, en daar is 'n berig in oor Rudi "Vleis" Visagie, wat al jare op Nelspruit woon en nou voltyds evangelisasiewerk doen. Ek dink aan die oom op Tzaneen wie se drie honde vergiftig is en met hoeveel angs en vrees hy snags moet gaan slaap, en vat die afdraaipad na Mbombela, die ou Nelspruit, toe.

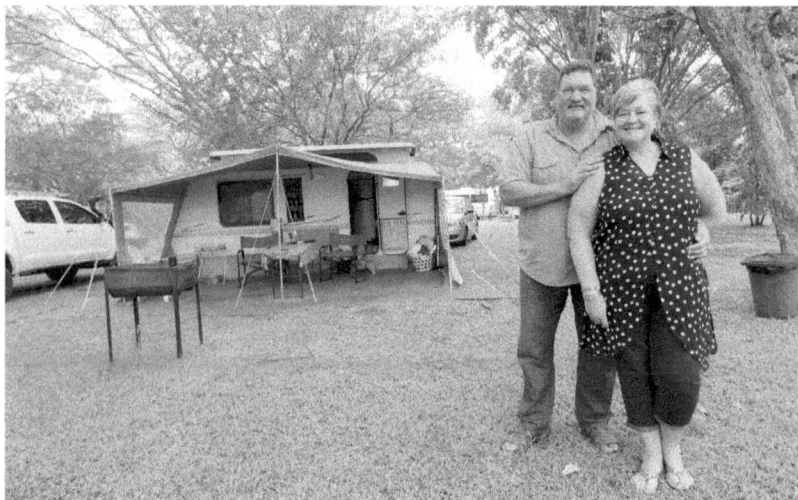

Hulle het baie min aardse goed oor. Vleis het nie eens sy Springbok-baadjies en -truie gehou nie. Hy het dit saam met hul meubels en ander goed weggegee voor hulle uit hul huis getrek en vir hulle 'n woonwa gekoop het.

"Hierdie is nou ons huis." Vleis stap na die Gypsey Regal tussen die hoë bome in 'n woonwapark naby Mbombela. "Alles wat ons het, is hier binne-in."

"Dis vir ons genoeg," voeg sy vrou, Frieda, by.

Hulle staan net tydelik oor op Mbombela, hul gewese tuisdorp, want hulle toer deur die land en tree veral by kerke op en getuig oor hoe hul lewe verander het sedert daardie oggend in 2004 toe Vleis hul negentienjarige dogter, Marlé, vir 'n motordief aangesien en haar in haar Golf by hul huis net buite die dorp doodgeskiet het.

Dit is al twaalf jaar gelede, maar daardie skoot weerklink steeds in hul lewe.

Hulle gaan sit onder die Gypsey se voortent, elkeen op sy eie kampstoel, met 'n opslaantafeltjie tussen hulle. Eenkant staan 'n wasgoedmandjie.

"Dis steeds vir ons asof Marlétjie nie heeltemal weg is nie." Vleis se stem is sag. "Dis asof sy net van adres verander het. As iemand ons vra: 'Hoeveel kinders het julle?' Dan antwoord ons steeds: 'Twee.' "

Marlé se jonger broer, Gary, is hul ander kind.

Miskien was alles nog erger omdat hy Vleis Visagie is. Dié Vleis, wat in honderd een en veertig Curriebeker-wedstryde vir die Vrystaat en Natal gespeel het, die groot Springbok-slot met die sweetband en die nommer-15-tokse en die spoed. 'n Rugbyheld. Rudi wat vir almal Vleis geword het.

Frieda kyk met sagte oë na hom. "Ons besef dit kon 'n nog groter tragedie gewees het."

"Ek sou myself maklik daardie oggend kon geskiet het," sê Vleis. "Jy staan daar met jou pistool in jou hand, en jy besef wat het jy gedoen. Hier lê jou kind met haar lang, blonde hare. Leweloos." Hy wys na Frieda. "Ek dank net die Here dat sy en Gary my nie begin verwyt het nie. Het hulle dit gedoen, weet ek nie . . ."

Hy laat sak sy kop, vryf-vryf met een groot hand oor die tafeltjie se blad. Hy is vir moord in hegtenis geneem, maar later deur die hof vrygespreek. Dit was die begin van 'n geestelike pad na genesing en heelwording vir Vleis, 'n pad waarop hy en Frieda steeds op 'n manier is.

"Ek was 'n kwaadmens, nie net oor wat daardie oggend gebeur het nie. Ek was vir baie lank 'n kwaadmens. Jy weet, ek was nog altyd baie groter as die meeste ander mense. Hulle het my nog altyd Goliat genoem. Of Ou Grote. Asof ek nie 'n regte mens is nie." Dit het hom 'n stil, ingetoë mens gemaak.

"Op skool het 'n juffrou ook eenkeer vir my gesê: 'Rudi, jy's dom.' As jy 'n kind is, glo jy sulke dinge. Later begin jy wonder: Is ek nie dalk Goliat, Ou Grote, die dom rugbyspeler, nie? Dit maak van jou 'n kwaadmens. In 'n stadium kon iemand net te lank na my kyk, dan wil ek vir hom sê: 'Wat kyk jy, man?' "

Ná Marlé se dood was dit ook asof daar 'n stem binne-in hom was wat knaend vir hom wou sê: "Kyk wat het jy nou gedoen, Ou Grote."

Die polisie het daardie aand beslag gelê op sy rewolwer,

maar nadat hy onskuldig bevind is, het hy nie die rewolwer gaan haal nie. Die polisie kan daarmee maak wat hulle wil.

"Ek sal nie sê ek was ooit kwaad vir God oor wat gebeur het nie. Ek was . . ." Hy soek na die regte woorde. "Ek was baie teleurgesteld in myself oor wat gebeur het. Ons kind se dood sal altyd vir ons hartseer wees, maar wat gebeur het, moes ook gebeur het soos dit gebeur het."

Frieda, met wie hy al drie en dertig jaar getroud is, bring haar iPad en wys van die foto's wat sy op hul reise geneem het. Op een staan Vleis met 'n mikrofoon in die hand en praat met mense. Skugter Vleis Visagie, wat eens te skaam was om 'n paar woorde voor sy spanmaats in 'n rugbykleedkamer te sê, gesels nou sommer met 'n klomp mense op 'n slag.

"Ons wil mense hoop gee. Mense raak moedeloos oor al die verskriklike dinge wat in die land gebeur. Ek sê altyd: 'Jy is die een wat moet verander. Jy is die een wat 'n verskil kan maak.'" Hy bly 'n ruk stil. "Eers het my stem vir my simpel geklink wanneer ek voor mense praat. Ek het 'n selfbeeldprobleem gehad, maar met die hulp van die Here het ek dit oorkom." Hy is nie een vir ingewikkelde teologiese redenasies nie, want sy pad na Damaskus was nie 'n ingewikkelde een nie. "Dis vir ons 'n geloofsaak. Ons wil vir mense sê: 'In Jesus kan jy 'n lewe van oorvloed leef, al het wát met jou gebeur, en al het jy nie veel aardse goed nie."

Dit is nie altyd maklik op die langpad nie. In die Kaap het die wind hulle tent aan stukke geruk. Petrol word ook al hoe duurder.

Hulle stap saam met jou kar toe.

Dit kom amper as 'n skok: "Gee my 'n drukkie," sê Vleis, glimlag, leun vorentoe, en omvou jou met daardie groot lyf wat geweld op 'n rugbyveld goed geken het.

Ou Grote, Goliat, die dom rugbyspeler, bestaan nie meer nie.

Springbokke 34 – Skotland 16

Maandagaand, 28 September 2015. Ek is terug in Pretoria. Eers toe ek, ná 'n kuiertjie van so twee ure op Mbombela by Vleis Visagie-hulle wegry, besef ek ons het omtrent glad nie oor rugby gesels nie. Maar dis reg so.

My ontevredenheid oor hoe oor rugby op *SuperSport* en in die koerante berig word, gaan daaroor: Selde sien of lees jy iets mensliks oor rugbyspelers. En al die clichés. Vanoggend het ek weer daardie oue iewers raakgelees: *Die land het rugbykoors.* Dis inderdaad waar, soos clichés dikwels is. Oral praat mense rugby, en dis asof almal met wie 'n mens praat, 'n bietjie vroliker is. Ons het Samoa geklop, sonder enige ernstige beserings. Skotland is volgende.

Ek gaan by Moos tuis. Vroeër het ek vir Frik du Preez – ek het sy nommer by die fotograaf Wessel Oosthuizen gekry – gebel. Onse Frik. Oom Frik. Sal hy omgee as ek die Skotlandwedstryd saam met hom kyk?

Dalk moet ek sommer die naweek saam met hom en sy vrou, Bes, na 'n wildplaas in die Bosveld toe gaan, het hy voorgestel. Eers toe ek die foon dooddruk, besef ek hoe voorbarig ek was. Hoekom wil ek die wedstryd saam met oom

Frik kyk? Om die voorvaders te eer? Al die getransformasie laat my soms na die ou sekerhede verlang.

Frederick Exley is dalk reg wanneer hy in *A Fan's Notes* oor Amerikaanse voetbal skryf:

> [it] had that kind of power over me, drawing me back with the force of something known, scarcely remem-bered, elusive as integrity – perhaps it was no more than the force of forgotten childhood. Whatever it was, I gave myself up to the Giants utterly. The recompense I gained was the feeling of being alive.

Die Vrydagoggend vroeg ry ek uit Pretoria na oom Frik toe. Rustenburg se koers.

Naby Hekpoort bel hy. "Hallo, dis Victor Matfield wat praat," sê hy, en lag. "Verdwaal jy? Is jy orraait?"

Hy verduidelik weer die pad na sy aftreeplasie teen die Magaliesberg.

Ek voel soos Bakkies Botha toe hy ná 'n groot wedstryd in 2009 op televisie as Man van die Wedstryd aangewys is. "Dit het nog nie ingesink nie," sê hy mos altyd by sulke geleenthede. "Dit sal my seker môre eers tref . . . Ek wil net die Here bedank vir die talent wat Hy vir my gegee het."

Dit sal my seker môre eers tref. Ek bedoel, by my huis het ek nog die plakboek met hordes foto's van Frik du Preez wat ek uit koerante en tydskrifte geknip het toe ek agt of nege jaar oud was. Nou, meer as veertig jaar later, hou ek op sy werf stil en kom sy groot, regop gestalte by die voordeur uit.

Daardie hande. 'n Mens kan daardie groot, knoetserige hande nie miskyk nie. Teen die toegeboude voorstoep se mure hang foto's van hom saam met Nelson Mandela, en saam met Victor Matfield, en saam met . . .

Eenkant staan 'n kitaar. 'n Hond kom nader gedraf. Tilla is haar naam, genoem na Tilla van Marble Hall, die tannie met die heserige stem wat gereeld op 'n Maandagaand die *SuperSport*-ateljee bel en haar sê oor rugby sê.

Sy dubbelkajuit-Nissan is klaar gepak. Die wildplaas waarheen ons gaan, is anderkant Zeerust. Kleinjan Masekoane gaan saam. Kleinjan – hy is een en dertig – woon by oom Frik-hulle vandat hy vyf jaar oud is. Kleinjan se pa en ma het by oom Frik-hulle gewerk toe hulle nog op 'n plaas naby Bray in die diep Bosveld geboer het.

Alles verloop gemoedelik en huislik. Naby Derby vra tannie Bes, met wie oom Frik al vier en dertig jaar getroud is: "Kan ek vir julle broodjies aangee?"

A, padkos!

Op Koster gaan wys oom Frik vir ons 'n Wimpy Bar wat toegemaak het. Iets is nie reg op 'n dorp waar 'n Wimpy moet toemaak nie. Regs is 'n bordjie langs die pad: *Smash Panelbeaters*. Oom Frik lees dit, en lag. Ek lag ook. Smash Panelbeaters. 'n Paneelklopper met 'n natuurlike aanvoeling vir ironie.

Dit word 'n soort grap tussen my en oom Frik vir die naweek. Smash Panelbeaters. Sê een dit, lag ons albei. Smash Panelbeaters.

Op Swartruggens wys oom Frik, wat in Dwaalboom se wêreld gebore is, vir ons die kerk waarin hy gedoop is. Die Marico-Bosveld vou dynserig voor ons oop en oom Frik begin praat oor Mof Myburgh, sy boesemvriend wat hoe lank saam met hom vir Noord-Transvaal en die Bokke gespeel het. In 1962 speel hulle teen die Leeus op Nuweland, vertel hy. Voor hulle opdraf, staan die twee spanne in die tonnel onder Nuweland se hoofpawiljoen. Willie John McBride, die Leeu-slot, staan langs Mof. McBride probeer 'n geselsie met Mof aanknoop. "There is not much grass out there," sê McBride en beduie na die veld. Mof kyk so skuinserig na McBride, en antwoord: "Listen, I did not come here to graze."

Op Zeerust koop tannie Bes vir oom Frik 'n roomys – 'n doodeenvoudige, ouwêreldse wafer. "Frik was twaalf jaar oud," vertel sy, "toe hy die eerste keer 'n roomys gesien het. Hulle was verskriklik arm."

"Dit was op Potgietersrus," beaam oom Frik.

Tarentale begin in die bakkie roep. Dis oom Frik se selfoon-deuntjie. Hy antwoord dit. "Hallo, dis Fourie du Preez," maak hy 'n grap. Hy praat met iemand oor 'n gholfdag wat gehou gaan word. Op die ouderdom van nege en sewentig speel hy nog van 'n voorgee 12 af. Ek kyk na oom Frik en tannie Bes en Kleinjan, en voel vir die eerste keer in hoe lank veilig en tevrede op aarde.

"Nog 'n toebroodjie?" vra tannie Bes en hou die bak na my toe uit.

Die plaas — 'n wildplaas — lê noord van Zeerust en behoort aan Johan Botha, 'n boer en sakeman van Lichtenburg. Maar net Johan se Thai-vriendin, Nion, kom uit die huis toe ons op die werf stilhou. Johan is saam met die polisie na 'n ander gedeelte van die plaas waar diewe sonpanele, 'n kragopwek-ker en ander goed gesteel het.

Ons gaan sit op die stoep, ek en oom Frik. Ons lag. Dit is droog. Die veld is kaal. Glase verskyn voor ons, whisky, water, ys. We did not come here to graze. Ek sal nooit weer kan glo rugby is net 'n spel nie. Rugby het lankal sy onskuld verloor. Rugby is 'n koors, 'n desperate Saterdagmiddag-droom, 'n rymlose gedig geskryf in vlees en bloed. Rugby is om Frik du Preez op 'n warm Bosveld-middag te hoor ver-tel hoe die betogers hulle in 1969/'70 uitgejou het toe hulle deur Brittanje getoer het: "Go back home, you racist scum! You fascist pigs . . .!" Oom Frik wat jare later vir Kleinjan Masekoane soos sy eie sou help grootmaak.

"Toe oom Frik en tannie Bes van Bray af trek, toe pak ek al my klere in 'n sak en wag vir hulle by die hek," vertel Kleinjan. "Hulle hou by my stil. 'Wat nou, Kleinjan?' vra oom Frik. 'Ek gaan saam met julle,' sê ek. Hulle praat toe eers 'n bietjie, toe sê hulle: 'Reg, kom saam, Kleinjan.' Hulle's soos my pa en ma."

Later kom Johan van die veld af terug. "Gelukkig het hulle darem nie die groot kragopwekker gesteel nie. Ons sal die rugby kan kyk. Skink nog 'n whisky daar."

Oom Frik lig sy glas: "Hierie een van my loop soos 'n muis met slippers aan."

Ons ry saam met Johan die veld in. Oom Frik wys die bome een ná die ander vir my uit, asof dit ou vriende van hom is: kameeldoring, raasblaar, matoppie.

'n Polisieman soek in die veld na vingerafdrukke aan die stellasie waarop die gesteelde sonpaneel was. Die sonpaneel het 'n waterpomp aangedryf. Die polisieman het sy vrou saamgebring. Sy sit in die polisiebakkie in 'n rooi rok, en luister musiek.

"Oom Frik," sê Kleinjan. "Kan ek Oom iets vra?"

"Wat is dit, Kleinjan?"

"As ek so 'n kak was soos die een wat hierdie kragopwekker gesteel het, wat sou Oom gedoen het?"

Oom Frik sê niks. Hy lag net. In November word hy tagtig, en hy ry saam met ons agterop die bakkie. By 'n ander sinkdam in die veld klim hy van die bakkie af en gaan hou sy mond onder die silwer stroom water wat uit die pyp kom.

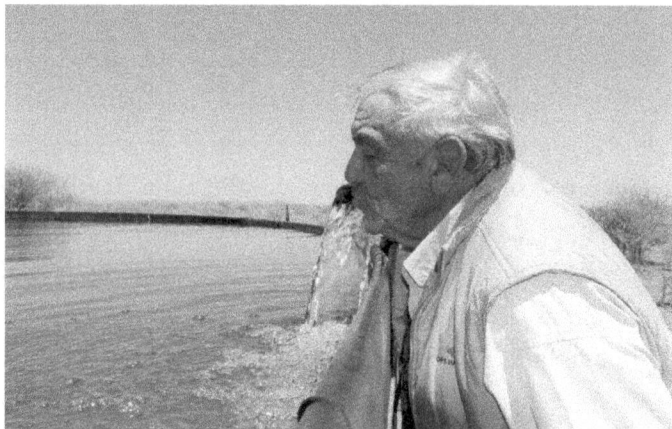

Die middag word later aand, en die aand word 'n nag vol jakkalse wat roep; en toe is dit oggend, en middag en die Bokke draf op die veld in Engeland op die TV-skerm in die Bosveld terwyl die duiwe buite in die bome koer.

Oom Frik is nie 'n luidrugtige, beterweterige rugbykyker nie. In die eerste vier minute gee die Bokke – Willie le Roux, Fourie du Preez en J.P. Pietersen – drie hoë skoppe waarvan niks kom nie. Casino-rugby.

"Hulle speel seker volgens die wedstrydplan," brom oom Frik.

Die wedstrydplan: vernietiger van kreatiwiteit.

Iewers in die tweede helfte is Lood de Jager se gesig skielik op die TV se skerm.

"Ou Lood sukkel dalk om 'n baard gegroei te kry," sê oom Frik, "maar hy speel 'n bleddie goeie wedstryd." Hy het sy vriend Mof ook Lood genoem, want Mof se regte name was Johannes Lodewikus.

Ná die wedstryd gaan sit ons by die vuur in die lapa. Oom Frik vertel hoe Mof die huidige Bok-stutte voos sou geskrum het. Mof is drie jaar gelede oorlede. He did not come here te graze.

Die gesprek swenk van rugby af weg. Bosveld-sterre wat laag bokant jou kop hang, is geneig om dit aan 'n mens te doen.

"Ek kan nie kla oor my gesondheid nie," sê oom Frik. "Ek lê net soms my een arm in die nag dood."

"Dis als genade," sê tannie Bes.

"Bes is reg. Dis genade."

Boonop het die Bokke die Skotte met 34 – 16 geklop. Wen ons Woensdag die Amerikaners, is ons in die kwarteindstryd. Dit begin al hoe meer voel die wedstryd teen Japan is nooit gespeel nie.

Lank sit ons toegevou in die stilte.

Later sê oom Frik: "Smash Panelbeaters." Ons lag asof ons die donker rondom ons probeer weglag.

Springbokke 64 – Amerika 0

Ek moet terugkom by die huis op Jacobsbaai, maar Pretoria hou my vas. Ek en Moos sit die aand en kyk na *SuperRugby* op kykNET. Breyton Paulse en Derick Hougaard praat steeds oor die Japan-wedstryd, en die kykers kry die geleentheid om in te bel. Die eerste een wat deurkom, is 'n vrou met 'n heserige, omgesukkelde stem.

"Naand," sê sy. "Dis Tilla van Marble Hall . . ." Die bekende Tilla Hechter wat gereeld inbel met haar reguit, eerlike menings. "Sê julle vir my, wat maak Ruan Pienaar in daai span?" Later vra sy ook: "Wat's fout met ou Heyneke se nek?"

Die volgende oggend vroeg klim ek by die gehuurde Figo se passasiersdeur in, skuif oor tot agter die stuurwiel, en vat die pad van Pretoria af Marble Hall toe. Hoekom juis na Tilla toe, weet ek nie eintlik nie. Rugby hou my gyselaar.

Anderkant Bronkhorstspruit hou ek langs die pad stil en begin willekeurig vir mense vra of hulle Happy Sindane geken het. Die wit kind wat in die ou KwaNdebele naby Bronkhorstspruit by 'n swart gesin grootgeword het. Party van die mense wat ek vra, het al van hom gehoor. Maar Happy is dood. Vermoor. Iewers hier rond.

"Jammer ek vergelyk jou met Zane Kirchner, Happy," sê ek kliphard vir die bosse langs die pad voor ek terugklim in die Figo.

Marble Hall is groter en bedrywiger as wat ek verwag het. Ek kry nie Tilla se huis nie en bel haar.

"Is jy hier?" vra sy in daardie heserige, ongeduldige stem van haar.

"Ek soek nog."

"Ek het dan gesê net ná die treinspoor links, die huis met die blou dak. Luister jy nie?"

Ek ry terug treinspoor toe, draai daar links. Maar ek sien nie 'n huis met 'n blou dak nie. Ai. Ek bel haar weer.

"Jene, maar jy's dom. Ek sal buite gaan staan en vir jou waai. Kyk net mooi."

Uiteindelik hou ek op die sypaadjie voor 'n huis met 'n blou dak en 'n waaiende vrou by die silwer tuinhekkie stil. Om haar draai twee foksterriërs rond. Die son skyn woedend oor die Barbertonse madeliefies in haar voortuin. Moet ek nie liewer die WP-keppie op my kop afhaal nie? Sy is 'n lang, regop vrou met blou tintstrepe in haar hare. 'n Mens sal nie sê sy is al naby sewentig nie.

"Sluit tog net jou kar, jong. Hulle steel hier."

Toe is ons in haar sitkamer. Dis 'n Woensdagoggend, en op die TV is 'n rugbywedstryd aan die gang, die klank afgedraai. Die wedstryd tussen die Bokke en Amerika is eers laatmiddag.

"Dis die Aussies se liga." Sy beduie na die TV. "Ek kyk mos als, jong." Sy kyk na my asof sy my nou eers raaksien. "O, fok, wat gaan daar op jou kop aan?"

Ek haal my WP-keppie af en sit dit op die mat langs die stoel neer. Tilla van Marble Hall is 'n Blou Bul. Dit weet almal.

"Hierdie Japan-ding het seergemaak," sê sy. "Baie seer."

Sy voel geëerd dat oom Frik sy hond na haar genoem het.

Op 'n tafel suis 'n stem oor 'n tweerigtingradio. Tannie Tilla is sekretaresse van die plaaslike buurtwag en is 24/7 op die lug.

"Daai ou wat daar praat, is 'n Chinees. Hy is wragtig ook by ons in die buurtwag. Gister het hy amper 'n paartjie gevang wat in 'n kar . . ." Sy soek na die regte woorde. ". . . sit en vry het. Hy is paraat, daai Chinees, ek sê jou."

Sy het drie jaar gelede afgetree ná een en dertig jaar diens by die poskantoor. Eers in 1998 het sy ernstig rugby begin kyk. Dit was nadat haar oorlede man, Chris, siek geword het. Emfiseem.

"Chris was later so swak, hy wil net lê." Sy vryf oor die brakkie wat by haar op die bank gespring het se kop. "Dan sê ek vir hom: 'Komaan, ou man.' Dan help ek hom regop, dan bring ek hom hier tot voor die TV. Dan kyk ons rugby. Die rugby het hom weer laat opstaan. Dit het hom minder ellendig laat voel."

Dit herinner haar aan iets anders. "Weet jy dalk wat is fout met Heyneke se nek? Dis seker die spanning. Shame."

Sy kan nie onthou presies wanneer sy die eerste keer die *SuperSport*-ateljee gebel het nie. Maar dit was ná Chris se dood.

Rugby is 'n manier om eensaamheid te besweer, dink ek toe sy begin vertel hoe sy party aande hier op haar bank sit en die *SuperSport*-ateljee bel en praat oor die dinge wat haar van ons rugby pla. Is dit nie maar dieselfde vir my nie? Jy sit die Saterdagmiddag alleen in jou huis, die wedstryd begin op TV. Jy begin kyk en later bel jy mense en sms hulle en soek hulle geselskap op.

Ek klim weer by die Figo se passasierskant in.

"Jy sukkel, nè?" Tilla van Marble Hall se stem is opeens vol besorgdheid. "Pas jouself op."

Ek kyk na die Amerika-wedstryd in Die Sinkhuis, 'n restaurant en kroeg in die Pretoriase Moot. Fratesweg. Pretoria Unplugged. Ons wen 64 – 0. Ons gaan teen Wallis in die kwarteindstryd speel.

Is daar iets meer optimisties as 'n Springbok-ondersteuner? Ons kan nog Die Beker wen, begin 'n mens dink, al sê jy dit nie vir almal nie. Ek en 'n ou met die naam Charlie – om een of ander rede het hy twee What would Jesus do-armbandjies om sy regterpols – raak in 'n hitsige gesprek betrokke oor, wel, transformasie. Wat anders?

Tog sê hy 'n ding wat my laat wonder: "Hulle sê die swartes speel rugby in die Oos-Kaap, nes ons hier in Pretoria speel. Ek dink dis 'n kakstorie."

Is Charlie nie dalk reg nie? Ek ken nie die Oos-Kaap nie. Speel die swart mense in die Oos-Kaap tradisioneel werklik op groot skaal rugby?

Terug in Moos se woonstel maak ek my somme. Ek kan dit nie regtig bekostig nie, maar ek meld op die internet aan en bespreek 'n vliegkaartjie Oos-Londen toe.

Springbokke 23 – Wallis 19

Vrydag. Johannesburg. Oliver Tambo-lughawe. Turbulensie bokant Aliwal-Noord. Oos-Londen. Huurkar: Kia Picanto.

Ek ken Oos-Londen, die ou Buffalo City, nie juis goed nie, maar het 'n vae idee waar die Basil Kenyon-stadion is – die Grens-rugbyunie se hoofkwartier. By die kantore agter die stadion staan drie polisiebakkies, een met die blou lig op die dak nog aan. Die A-veld se pale is laas nag gesteel.

"Nobody can speak to you now," sê die vrou by die ontvangstoonbank. "This is really sad for us."

Die mat is vol vlekke en die verf dop plek-plek van die mure af. Die koperplaat ter ere van Basil Kenyon, 'n gewese Bok-kaptein en Grens-legende, smag na Brasso.

'n Beampte van die rugbyunie kom in langpuntskoene verby. "I'm sorry, we have a crisis. But just go to King," antwoord hy toe ek hom begin uitvra oor waar die meeste van hul rugbyklubs is. Almal hier rond praat van King William's Town net as King.

Ek ry King toe, en kyk die hele pad uit vir 'n bakkie of 'n vragmotor met rugbypale agterop.

Wat doen 'n mens met gesteelde rugbypale? Afvalyster?

In King wys 'n bordjie: *Steve Biko Centre*. Dis in Ginsberg, die township waar Biko grootgeword het. Ek draai af soontoe. Biko, die swart bewussynsleier wat in 1977 in polisie-aanhouding dood is, het as kind en jong man rugby gespeel. 'n Man vir wie ons op skool geleer is om bang te wees. Biko was tot met sy dood in polisieaanhouding 'n rugbyondersteuner.

In 1976 toe Andy Leslie se All Blacks in die land getoer het, was daar 'n groot meningsverskil oor wie die Bokke se losskakel moet wees: Gerald Bosch van Transvaal, of Gavin Cowley van die OP. Bosch was die skopper, die kragdadige een. Cowley was die hardloper, die kreatiewe een. Biko was 'n Cowley-ondersteuner, word vertel, en het glo met sommige van die Veiligheidspolisiemanne wat hom aangehou het, in redenasies daaroor betrokke geraak.

In die museum wat deel van die Steve Biko-sentrum is, word melding gemaak van Biko en sy broer Khaya, wat rugby gespeel het, by die skool en in Ginsberg se strate. Khaya was ook betrokke by die stigting van die Star of Hope-klub.

Van die Steve Biko-sentrum af ry ek anderkant King William's Town die ou Ciskei in. Met die N2. In Grahamstad se koers. Dis 'n heuwelagtige stuk wêreld. Dit is winter, maar alles is groen. Oral langs die pad is gehuggies met moeilike Xhosa-name: Rhayi, Shushu B, KwaMasele, Mtyinweni. En omtrent elkeen het 'n rugbyveld. Jy kan dit nie miskyk nie.

By een van die gehuggies draai ek in. Qaga. Die pad is vol klippe en slote. Die huise is karig. Op die rugbyveld, 'n ongelyk affêring met skewe pale, wei skape. Maar nog voor jy die skape sien, sien jy die kinders. Daar is vier, vyf, ses van hulle, almal seuntjies. Hulle jaag mekaar op die veld rond, stoei met mekaar, en tackle mekaar. Hulle speel rugby met 'n leë koeldrankbottel – 'n plastiese vyfliterbottel.

Nie een van die seuntjies kan Engels of Afrikaans praat nie. Net Xhosa.

'n Man kom uit die huisies se rigting aangestap. Siphiwe Gqaguse. "I coach this boys," verduidelik hy in lendelam Engels. "Our team is Star of Hope."

Ek kry hoendervleis: Star of Hope, die klub wat Steve Biko se broer Khaya help stig het. Die ander gehuggies se spanne het ook sulke ambisieuse name: Young Lions, Brave Warriors, Home Defenders . . .

Nee, verduidelik Siphiwe, daar is nie op die oomblik 'n rugbybal vir die kinders om mee te speel nie. Hul bal is by die ander Star of Hope-spelers. Hy sê iets vir een van die seuns, en dié vlieg weg in 'n rigting, skynbaar om die bal te gaan haal.

Siphiwe het op sy dag losskakel gespeel vir Ready Blues, 'n ander span in die omgewing. Met behulp van die Grens-rugbyunie het hy 'n afrigtingskursus gedoen. Hier op Qaga is vier rugbyspanne en al vier speel in 'n plaaslike liga. "The poles we got from a scrap yard in King." Hy beduie na die lendelam rugbypale wat gevaarlik ver agteroor hang. "The pipes they first used for the irrigation."

Die Star of Hope-spelers het net een bal tussen hulle, maar hulle het darem twee duiksakke.

"I show you. Come." Siphiwe begin aanstap na sy huis naby die rugbyveld, die seuns agterna, asook sy hond Jimmy wat intussen bygekom het. Eenkant op die veld lê 'n skoen se binnesool.

Siphiwe gaan krap in 'n tradisionele rondawel van sement-steen en klei langs sy huis en kom terug met twee sulke kus-singgoed, van die soort wat die Springbok-spelers ook in oefeninge gebruik. Hy het dit by die Grens-rugbyunie gekry.

Hy gaan haal foto's in die huis van die spanne waarvoor hy al gespeel en afgerig het. Die Star of Hope-spelertjies kom kyk ook na die foto's.

Siphiwe sit sy hand op een van die seuns se kop. "This one, she's my Bryan Habana." Die kind glimlag skaam. Hy beduie na 'n ander een. "That one, yena Lwazi Mvovo." Hy het 'n TV-stel en wanneer die Springbokke speel, sit die Star of Hope-spelers en 'n klomp ander mense sy voorhuisie vol. Hy glo die Bokke gaan Wallis klop, en die Wêreldbeker wen.

Die seun wat hy vroeër gestuur het, kom aangehardloop, uitasem. Hulle praat en beduie, klap die tonge, bespiegel. Van die ander se stemme kom by. Toe skud Siphiwe sy kop: Jammer, Qaga se enigste rugbybal is tans soek. Hy wil hê ek moet 'n foto neem van hom en die paar Young Lions wat hier is. Hy beduie hoe hulle op die rondawel se trappies moet sit, nes op 'n spanfoto.

Trots neem hy sy plek voor hulle in

"One thing I can say," sê hy net voor ek die kamera se knoppie druk. "Me, myself, I'm Victor Matfield."

Saterdagoggend. Het op Grahamstad oornag. Wedstryd-dag. Ons teen Wallis.

Ek sal daar voor die televisiestel wees, my oortrokke bank-rekening en byna vol kredietkaart en ander middelklasbe-kommernisse vergete. Ek is gefokus, intens bewus van wat op die skerm gebeur. Heyneke Meyer se seer nek pla my asof dit my eie nek is. Druk Bryan 'n drie en wys 'n dankie-sê-vinger hemel toe, sê jy saam met hom: "Dankie, Here." Of jy sê hom sleg omdat jy dink hy dweep. Maar jy is intens bewus van alles.

Voor ek uit Grahamstad ry, gaan soek ek na die groot, geskiedkundige dubbelverdiepinghuis waar André P. Brink gewoon het toe hy hoogleraar in Afrikaans by Rhodes was. Ek vind dit gou. Die huis het nou 'n vreemde naam: The Cock House. In een gedeelte is 'n restaurant. Ek is dadelik kwaad vir myself omdat ek dit durf dink het: André P. Brink wat vyf keer getroud was se gewese huis se naam is nou The Cock House.

Brink, het ek iewers gelees, was 'n groot rugbyliefhebber, wat wedstryd ná wedstryd op televisie gekyk het. Dit is vir my vreemd dat hy – is daar 'n Afrikaanse skrywer wat meer onderwerpe as hy in sy skryfwerk aangeraak het? – byna niks oor rugby geskryf het nie. Trouens, lees jy die Afri-kaanse letterkunde – ek praat van die sogenaamde ernstige letterkunde – sal jy sê rugby bestaan nie. Hoekom? Rugby is dan so 'n belangrike deel van die Afrikaner-psige en leef-wyse. Kerneels Breytenbach, Hans Pienaar en Louis de Vil-liers het darem al romans geskryf waarin rugby 'n rol speel.

Vir 'n fanatieke rugby-ondersteuner is rugby nie net 'n Saterdag-ding nie. Die hele week sit jy in 'n simpel kantoortjie en jy werk vir 'n simpel baas en jou vrou en jou kinders rem aan jou, hulle verhinder jou om die man te wees wat jy dink jy behoort te wees, en dan kom 'n Saterdag en jy trek jou Bok-trui aan wat te styf om jou maag span, en jy gaan stadion toe, en Ellispark se gras lyk groener as enige ander gras op aarde, en drie minute voor die einde van die wedstryd is die telling nog gelykop, en Joost tel die bal op, na Stransky, en Stransky skepskop, en die bal klim en klim die lug in, en jou knieë kom met jou regop in jou sitplek op die oospawiljoen, en jy dra daardie bal, jy dra daardie bal, met jou geheime gebede en desperate drome dra jy daardie bal, tussen die pale deur, en later ry jy terug huis toe, en jy voel lig, so lig, tot jy by die huis kom, tot jy weer die middeljarige Afrikaanse man moet wees wat vir alle praktiese doeleindes gekastreer is.

Jou vrou kla knaend: "My man wys nie sy gevoelens nie. Hy's 'n klip." Het sy gesien hoe huil jy toe daardie Boeing voor die wedstryd laag oor Ellispark vlieg? Jy het daar gestaan, en gedink: Hier staan ek en tjank oor 'n Boeing en ek kon nie eens op my ma se begrafnis huil nie.

Ek is van Grahamstad af op pad Port Elizabeth toe. Michael Green, 'n plaaslike rugbyskrywer, het gesê hy sal vanmiddag saam met my op Despatch in die Despatch-rugbyklub se klubhuis na die wedstryd gaan kyk. Michael skryf ook romans onder die naam R.R. Ryger. Baie van sy karakters is gewone Suid-Afrikaners. *Beertjie en sy boytjies* kyk rugby en hulle klink soos derduisende ouens wat jy op 'n Saterdag-oggend iewers langs 'n skoolveld sien.

> Ketter storm soos 'n besetene onder die bal in en hard-loop hom teen 'n muur Oos-Moot-spelers te pletter. Iemand langs die veld lag.
>
> "Het jy daai ou gesien, hè, het jy, hè, het jy?"
>
> "Ek het," fluister Beertjie in die lagsieke persoon se oor, "en as jy weer vir hom lag, skeur ek jou pinkie af en druk hom so diep in jou poephol, die Snydokter van Stalingrad sal hom nie eens kan uit-saag nie."

By Despatch se rugbyklub is dinge anders as in die dae toe manne soos Danie Gerber, Jan Serfontein, Frans Erasmus en Pote Human vir die klub gespeel het. Op 'n middag soos nou sou hier 'n paar honderd mense gewees het om na die wed-stryd op die grootskerm te kom kyk. Die rugbyklub was toe die sosiale middelpunt van die dorp.

Nou sit hier elf mense by die tafeltjies, ek en Michael by-gereken.

Maar toe die spanne opdraf, toe maak dit nie meer saak dat die wedstryd in Wallis gespeel word nie.

Ek probeer ophou, ek probeer regtig ophou daarmee, maar diep in die tweede helfte, toe bid ek: "Here, laat ons asseblief tog net wen vandag." Dit kan dalk klink of ek dit as 'n grap bedoel. Dit is nie 'n grap nie. Die Bokke is 18 – 19 agter. Verloor ons, is ons uit die Wêreldbeker. Net nie hier nie, ons veldtog moet net nie hier op Despatch eindig nie, ver van die huis, ek met 'n kredietkaart byna in die rooi, en 'n wankelrige gemoed.

"Laat ons tog net hierdie een wen, asseblief, Here. Ons land het dit so nodig. Ons verdien 'n slag om goed oor onsself te voel."

In die twee-en-sewentigste minuut kom Trevor Nyakane weer op vir Beast. "Bhuti! Bhuti!"

Skrum op Wallis se kwartlyn. Twee minute speeltyd oor. Fourie du Preez gooi in. Regterskouer. Duane Vermeulen tel agter op. Hy hardloop 'n entjie, en dan weer na Fourie du Preez.

"Doen net fokken iets!"

En Fourie druk hom in die hoekie, in die hoekie, in die hoekie, en ons al elf is regop, en ons omhels mekaar en lag en bestel nog bier.

Ons wen: 23 – 19. Ons is in die halfeindstryd.

Daar is net een probleem: Ons gaan teen die All Blacks in die halfeind moet speel, maar ná nog 'n bier beginne dit voel of ons die All Blacks kan klop.

Tussendeur neem ek 'n foto van 'n ou wat voor die grootskerm sit met sy arms in die lug – 'n foto wat die hele wedstryd vir my opsom.

Daardie nag ná ons oorwinning oor Wallis, ry ek van Port Elizabeth af George toe. Ek het weer somme gemaak: Daar is nie genoeg geld op my kredietkaart oor om 'n vliegkaartjie van Port Elizabeth Kaap toe te koop nie. Dis goedkoper om tot op George te ry waar ek Sondagoggend terug huis toe 'n geleentheid kan kry saam met Christo en Tanya, vriende van my van Jacobsbaai wat die naweek op Mosselbaai was.

Naby Jeffreysbaai lui my foon. Uncle Norman, Trevor se pa. "Did you see him?" vra hy. "He has too much power, that boy. We're going to win the cup."

Halfdrie die oggend kom ek op George aan, parkeer die Picanto in een van Bidvest Car Rental se parkeerplekke en maak my op die agtersitplek tuis. 'n Picanto se sitplek is nie juis 'n Sealy Posturepedic nie. Ek is in elk geval nie lus vir slaap nie. Ek voel terneergedruk en moeg: Hier bevind ek my in my drie-en-vyftigste jaar op aarde op die agtersitplek van 'n Kia Picanto, twee keer geskei, die vader van geen kinders nie, op 'n reis agter rugby aan, asof ek na iets in myself op soek is.

Later is dit vieruur, en ek lê steeds wakker op die Picanto se agtersitplek, en oordink dinge soos dié wat Frederick Exley graag op 'n rusbank lê en doen het:

> I wanted to lie hour after hour on a couch, pouring out the dark, secret places of my heart – do this feeling that over my shoulder sat humanity and wisdom and generosity, a munificent heart – do this until that incredibly lovely day when the great man would say to me, his voice grave and dramatic with discovery: "This is you, Exley. Rise and go back into the world a whole man."

Die All Black-klub

Dis 'n lekker gevoel: Ons is in die halfeindstryd. Ek is terug by die huis op Jacobsbaai en probeer normaal aangaan met die lewe: Rekeninge betaal, e-pos beantwoord, tuin natgooi . . . Maar knaend is dit in my kop: Ons is in die halfeindstryd.

Party slimmes sal sulke gedrag as obsessief beskou, maar vir 'n ernstige rugbyliefhebber is dit normaal: Om 'n span in die halfeindstryd van die Wêreldbeker-toernooi te hê verhoog jou eiewaarde en algemene gevoel van tevredenheid met die lewe. Natuurlik twyfel ek of ons die All Blacks kan klop, maar dis nog nie Saterdag nie, ons het nog nie verloor nie, en net om te weet ons is in die halfeindstryd, maak allerhande positiewe gevoelens in my los.

Die teleurstelling van die nederlaag teen Japan is nou 'n vae herinnering, soos mangels wat lank gelede uitgehaal is. Die pessimisme het plek gemaak vir 'n gevoel van hoop. Die Bokke speel steeds dieselfde verbeeldinglose spel, gebaseer op kragdadigheid, maar nou begin 'n mens dit as iets positiefs beskou: Hoe anders wen jy teen die All Blacks?

Waar sal ek na die wedstryd kyk? Tuis? Dalk saam met prof Piet-hulle by die Weskusplek?

Maar toe kry ek die antwoord op Vredenburg. Naby Chalmers Tyres – ek is op pad om 'n nuwe, gebruikte band aan my bakkie te laat sit – staan die Bantam-bakkie op die sypaadjie geparkeer met 'n All Black-plakker op die bakwerk.

Veral in die Kaap sien jy dikwels motors met sulke All Black-plakkers op, en min of meer elke keer wanneer ek dit sien, dink ek: verraaier!

Hoe kan enige Suid-Afrikaner die All Blacks eerder as die Bokke wil ondersteun, en dan nog so openlik ook? Hulle soek net aandag, sê ek soms vir myself. Ek hou by die bakkie stil.

'n Seuntjie staan daar naby rond. "Wie se bakkie is dit?" vra ek.

"Ons s'n."

'n Man kom om die hoek. "Is dit jou bakkie?" Ek beduie na die Bantam.

"Hoekom?"

"Skree jy vir die All Blacks?"

"Altyd. Altyd."

Sy naam is Garth, Garth September. Hy werk by 'n vis-fabriek in St. Helenabaai en het nog nooit die Springbokke op die rugbyveld ondersteun nie. "Dis 'n ou ding. My pa is 'n All Black, my oupa is 'n All Black. Ons almal is All Blacks."

"Is dit oor apartheid?"

"U kan seker so sê." Hy sit 'n hand op die seuntjie se kop. "Doen vir die meneer die haka. Gou."

Die kind gaan staan by die bakkie, buig die knieë, en begin: "Ka mate, ka mate, ka ora, ka ora . . ."

Wat gaan dit help om met hierdie man te probeer rede-neer? Hy gaan beslis nie Saterdag vir die Bokke skree nie. Hoe kan iets wat vir een Suid-Afrikaner so logies is iets heel-temal anders vir 'n ander een wees?

Garth vertel my van die All Black-klub in die Kaap.

Terug by die huis begin ek rondbel, en kom by Claude Schroeder, munisipale bestuurder van Worcester, uit. Hy woon op Worcester en is voorsitter van een van die grootste All Black-klubs in die land.

"Hoekom kom kyk jy nie Saterdag saam met ons na die game nie?" vra hy. "Jy's welkom."

Springbokke 18 – All Blacks 20

Hoe berei 'n mens jou voor om na 'n toetswedstryd tussen die Bokke en die All Blacks te kyk, en van jou mede-Suid-Afrikaners ondersteun die All Blacks met hart en siel? Jy bly kalm, en luister na RSG op pad Worcester toe. Vrolike musiek en wenke oor tuinbou op Derrich Gardner se oggend- program. Die wedstryd begin vyfuur vanmiddag, maar Claude het gesê ek moet vroeg kom, hy wil my eers 'n paar dinge wys.

Claude is een van jou senior All Black-ondersteuners, sien jy nog voor jy in sy huis in Paglande, een van Worcester se mees gesogte woonbuurte, is. Sy bakkie onder die afdak langs die huis het uiteraard 'n All Black-plakker op, en op die nom- merplaat staan: *Kiaora*. "Kiaora" is 'n Nieu-Seelandse Maori- woord wat beteken: Wees gegroet.

"Kom ons gaan sit sommer in my All Black-kamer." Claude beduie na die agterkant van die huis.

'n All Black-horlosie teen die muur, 'n All Black-vlag op die stoel, 'n All Black-doek oor die bank! Iewers hang ook 'n foto van Claude saam met die All Black-helde Richie McCaw en Dan Carter.

Om die All Blacks te ondersteun, laat hy jou gou verstaan, is nie 'n nuwe ding nie. Dis 'n ou tradisie vir baie bruin mense, veral in die Kaap. "Daar is die wanopvatting dat slegs wit mense in hierdie land fanaties oor rugby is. Rugby is net so 'n groot ding vir ons bruin mense. Ek't in die apartheids- jare grootgeraak, en een van die min ontvlugtinge wat ons destyds gehad het, was op 'n Saterdag op die rugbyveld. Hier op Worcester was tien bruin rugbyklubs, maar ons mag nie teen die wit spanne gespeel het nie."

Hy noem die ou bruin Worcester-klubs se name een ná die ander op: Young Hamiltons, Primrose . . .

Hy vertel hoe hulle in die rugbyseisoen soms soggens donker al opgestaan het om op televisie te kyk hoe speel die All Blacks teen die Springbokke in Nieu-Seeland. En terwyl hy dit vertel, onthou ek ook daardie oggende waarop ek toegewikkel in 'n kombers voor die televisie gesit en kyk het. Ek het net vir die Springbokke geskreeu, en Claude vir die All Blacks. Maar dit was in die 1980's. Ons is nou in 2016. Die nuwe, demokratiese Suid-Afrika het intussen gebeur, Nelson Mandela in sy Springbok-trui in 1995 op Ellispark het gebeur, Chester Williams en Breyton Paulse en Bryan Habana het gebeur.

"Hoekom ondersteun jy steeds die All Blacks, Claude?"

"Ons All Blacks is gatvol daarvoor dat mense na ons verwys as onpatrioties."

"Maar is julle nie onpatrioties nie?"

"Jy weet nie. Wat weet jy? Kom ek gaan wys jou."

Ons ry in Claude se bakkie na die ander kant van die dorp, die arm kant, tradisioneel die bruin kant. Riverside. Hier is die huise armoediger, die erwe kleiner. Hy hou by 'n parkie stil. Leë bottels. Plastieksakke. In die middel van die parkie is 'n geboutjie met 'n Eskom-transformator in. Teen die muur staan in groot swart letters gespuitverf: *MK is alive!*

"Ek't dit daar geverf." Hy beduie daarna. "In 1984."

Hy was toe lid van die ANC se gewapende vleuel uMkhonto we Sizwe, vertel hy.

Wat verstaan ek van die behoefte om die regering met geweld te wil omverwerp?

Hy neem my na die Riverside- munisipale woonstelle waar hy grootgeword het. Hy, sy pa, ma, en drie broers en twee susters in 'n eenslaapkamerwoonstel. Dit lyk nie of dit nou juis veel beter hier gaan nie. Oral sit groepies jong mans rond.

"Hulle almal is in bendes. Drugs. Wapens. Alles."

By een woonstel hang 'n verslete All Black-vlag. Tussen die vuilpienk geboue hang wasgoed soos verlepte drome.

Wat weet ek van hierdie lewe?

"Jy's 'n laaitie van ses of sewe, jy bly hier . . ." Claude ry al hoe stadiger. "Ons kon vir lank nie op Nuweland gekom het nie. Ons kon op baie plekke nie gekom het nie. Oral waar jy loop, 'hotnot' hulle jou. 'Wat maak jy hier, hotnot?' En die mense wat só met jou tekere gaan, is almal Springbok-supporters? Nou vra ek jou, hoekom sal ek die Springbokke wil support?"

Dis die langste, kortste wedstryd waarna ek nog gekyk het. Een ná die ander hou die karre voor Claude se huis stil, daardie karre met die All Black-plakkers op wat jy gedurig sien. Almal dra All Black-truie. Party het 'n All Black-vlag. Hulle groet mekaar met 'n spesiale Broederbondagtige groet: oop hand op die pols, en sê terselfdertyd: "Kia ora."

Doppe word geskink. Op die grootskerm-TV draf die spanne op die veld. Ons en hulle. Maar wie is vanmiddag ons, en wie is hulle?

Een kêrel hou 'n selfoon in die lug. "Bly gou stil, mense!" roep hy. "Jerome wil iets vir julle sê!"

Almal raak stil. Hy hou die selfoon dat min of meer almal die foon se smal skermpie kan sien. Hierdie Jerome is van Worcester, een van hulle All Black-medeondersteuners, maar hy is op die oomblik in Italië. "Ek wil net vir julle sê ek verlang na julle almal," kom sy stem uit die selfoon. "Ek wens ek was by julle solat ons ons All Blacks kan support. Ek bly 'n proud All Black supporter."

'n Man bel uit Italië om vir sy vriende in Worcester, Suid-Afrika, te sê hy hoop Nieu-Seeland wen. Verdrietig.

Almal bly stil toe die Suid-Afrikaanse volkslied gesing word. Ek ook. Ek wil nie moeilikheid hê nie. Hier is manne met ringetjies in die ore. Hier is ook 'n skoolhoof en 'n grootkop in die DA. Tjoepstil staan ek op aandag, hande langs die sye, en hou my mond en word hartseer, want, oh, cry the beloved country, ons het nie eens een samehangende volkslied nie, en rondom my staan mense, en ons almal praat Afrikaans, en toe die Nieu-Seelandse volkslied begin, sing hulle uit volle bors saam. Hulle ken selfs die haka se woorde.

Iemand bied my 'n bier aan, maar, nee, dankie, sê ek. Ek gaan nie vanmiddag die man word wat ek nie wil wees nie, maar ek moet minstens een oproep maak. Ek gaan buitetoe en lui uncle Norman Nyakane se nommer. Hy antwoord wraggies.

"Did you speak to Trevor in the week?" wil ek weet.

"My daughter spoke to him," antwoord hy. "He says we will win."

Ons praat nog 'n paar woorde, toe gaan ek terug binnetoe.

Omtrent niemand sit nie. Ons almal staan.

Diep in die tweede helfte kom Trevor op die veld en ek roep hard: "Bhuti! Bhuti!" en Claude vra: "Is jy orraait?" En toe bid ek weer 'n melodramatiese stilgebed: Here, ons het hierdie wen nodig. Ons land is verniel. Rugby kan ons nader aan mekaar bring . . .

Heyneke Meyer se nek pla hom steeds, en kort-kort skreeu hy sy skrik uit. Handré Pollard skop vyf strafskoppe oor, en Pat Lambie een. Die All Blacks druk twee drieë. 18 – 20. Kragdadigheid teenoor kreatiwiteit. En toe is alles verby. Geen 1995 of 2007 weer vir ons nie.

Ek glo nie mooi wat ek sien nie: Claude en 'n klomp van die ander vorm 'n kring en een van hulle bid, sê vir die Here dankie dat die wedstryd in 'n goeie gees verloop het, en dankie dat die beste span gewen het, liewe Vader, en dankie dat die beste span die All Blacks was, Vader.

Ek wil huis toe gaan. Ek wil wegkom van hierdie klomp af met hul swart truie. Ek wil nie langer probeer verstaan nie. Ek is gatvol daarvan om te probeer verstaan. Hierdie mense, hierdie All Black-ondersteuners, gaan nou op 'n informele optog deur Worcester se strate.

Ek klim by Claude in die bakkie, en onthou skielik ek het skoon vergeet om foto's te neem. Toeters weerklink. Mense sing die Nieu-Seelandse volkslied. Ek neem 'n foto van Claude se broer wat 'n All Black-vlag by die bakkie se venster uit-waai. Die foto is hopeloos uit fokus, maar nes op Despatch som 'n foto uit fokus vir my die middag die beste op.

Toe besluit ek om myself koelkas toe te stuur. Ek gaan nie saam met 'n klomp jillende All Black-ondersteuners deur Worcester se strate ry nie. I did not come here to graze. Ek vra Claude om stil te hou, groet almal, sê allerhande hoflike dinge vir hulle, en stap terug na my bakkie, en vat die pad terug Jacobsbaai toe.

'n Ent buite Worcester skakel ek die radio aan. Dis tyd vir "U eie keuse" op RSG, aangebied deur Willem Pelser, die program wat vanjaar al vyf en sestig jaar bestaan, die een waarna my ma geluister het toe sy my verwag het. Heel eerste speel Willem "Villa Rides" van Mantovani vir Bert en Joey van Graan van Sasolburg.

Ek draai die bakkie se venter oop, en weerskante van die pad verrys die Du Toitskloof-berge teen die donker, en wens ek kan huil, dalk meer van moegheid en gatvolheid as enigiets anders. 'n Kredietkaart in die rooi. Drie weke weg van die huis. Ek dink aan daardie gedig van Pablo Neruda oor

manwees en probeer my hart oortuig om trane oor my wange
te laat rol, maar ek kry nie gehuil nie.

       Dit gebeur soms dat ek net sat is om 'n man te wees.
Dit gebeur dan dat ek by klerewinkels en flieks indwaal,
uitgewas, ongevoelig, 'n lapswaan
aan 't seil op die eerste waters en asse.

       Die reuk by die barbier wil my laat kerm en tjank.
Ek wil net 'n blaaskans hê, weg van klippers en wolle,
Ek wil net nie geboue of tuine sien nie,
of goed om te koop, of glas, of hysbakke nie.

       Soms is ek net sat van my voete en my toonnaels
en my hare en my skaduwee.
Dit gebeur soms dat ek net sat is om 'n man te wees.

Iewers anderkant die Paarl, met 'n krapperige Tito Gobbi-
opname oor die radio, tref dit my: Miskien weet ek nou hoe-
kom het ek hierdie reis onderneem. Ons sê maklik sport, veral
rugby, kan soveel doen om die land se mense saam te snoer.
Maar leef ons só?

Ek sou graag wat ek met hierdie reis probeer bereik, wou
verduidelik met verwysings na die werke van die Franse
poststrukturaliste. Ek sou à la Jacques Derrida wou onder-
skei tussen suiwer vergifnis en instrumentele vergifnis, en
verduidelik hoe ek in opstand is teen die patriargale, he-
gemoniese, veroordelende dogma van die wêreld waarin ek

grootgeword het. Ek sou ook wou bespiegel oor wat "tok-siese manlikheid" nou eintlik is. Maar eintlik is ek net 'n rugbyondersteuner wat besorg is oor die toekoms van ons land.

Daar is miljoene soos ek, en nou het ons teen die All Blacks verloor, en skielik is daardie nederlaag teen Japan ook weer belangrik. Ons is nie meer in die toernooi nie. Oral sal 'n mens dit van môre af hoor. Die beskuldigings. Die beledigings. Die woede en die teleurstelling. Maar verwag ons nie van die Springbokke wat ons nie van onsself verwag nie? Hulle speel sonder enige geesdrif en trots, sê ons. Maar hoe geesdriftig is ons, die Springbok-ondersteuners, op die oomblik oor Suid-Afrika? Hoe trots is ons op ons land?

Ons vermoor en verkrag en besteel mekaar. Ons maak planne om na Kanada en Nieu-Seeland en ander lande te emigreer. Ons belê al hoe meer van ons geld in buitelandse fondse. Ons minag ons staatspresident. En, wel, ons staatspresident minag ons.

Hoe geheg het ons nie, sonder dat ons dit werklik besef, aan daardie woord geraak: rommelstatus. Vir baie van ons is dit 'n ander manier om te sê: Kyk, ons was toe die hele tyd reg, "hulle" kan nie 'n land regeer nie. En nou neuk "hulle" nog ons rugby ook met hul rassekwotas op! Viva die ou Suid-Afrika! Nee, sê ander. Dis die wittes, die kolonialiste, "hulle" het die probleme gebring. Dit het alles by Jan van Riebeeck begin. Bring daardie kwotas. Vat sommer "hulle" plase en grond ook. Vermoor "hulle" iewers in die toekoms. Viva Malema!

Ons wil knaend hê iets moet val: Rhodes, Afrikaans op Stellenbosch, universiteitsfooie. En tog verwag ons van die Springbokke om ná elke val die volgende Saterdag weer op te staan en te wen. Ons kla ook oor hul speelstyl. Hulle is nie kreatief genoeg nie, sê ons. Hulle speel verbeeldingloos en patroongebonde, en tog verheerlik ons verbeeldingloosheid op soveel maniere. Hoe verslinger is ons nie op sepiesterre, Britse koninklikes en ander kardasdians nie. Is dit nie wonderlike nuus nie? Rihanna gaan vir die Guptas kom sing. Een van die topverkoperboeke verlede jaar in Suid-Afrika was 'n inkleurboek – vir volwassenes. Hoor my lied.

Die Springbokke kry te veel geld, sê ons. Maar hoekom koop ons steeds by daardie supermarkgroep wie se uitvoerende hoof se salaris vanjaar honderd miljoen was? Hoekom is daar 'n waglys vir die nuwe Audi? Hoekom was daar verkeersknope toe die nuwe Mall of Africa tussen Johannesburg en Pretoria geopen het? Ons sê die Springbokke se besluitneming is swak, maar wat is goeie besluitneming in 'n land waar die openbare vervolger hom/haar deur politici laat voorsê wat om te doen? 'n Land waarin die grootste Afrikaanse kerk se predikante nie kan besluit waarnatoe volgende met gays nie. En wie is ons om te sê die spelers het nie genoeg dissipline op die veld nie? Ons wat oor geel verkeersligte jaag en nie ons spoedkaartjies betaal nie. Ons wat kul met ons versekeringseise. Ons wat mekaar oor die geringste dingetjies slegsê op webwerwe en Twitter en Facebook.

Die Springbokke speel nie as 'n eenheid saam nie, sê ons ook. Hoeveel van ons wittes ken meer as "Nkosi Sikelel' iAfrika" se eerste nege woorde? Hoeveel swartes het al die moeite gedoen om "Die Stem" te leer? Hoe verenig is ons, die mense van hierdie land?

Is ons en die Springbokke op 'n manier nie dalk spieël-beelde van mekaar nie? Is hulle nie maar net die span wat ons verdien om te hê nie?

Die Boet

Dis 'n verdrietige gesig: Die hoofpawiljoen van wat die Boet Erasmus-stadion se dak was, is af. Die rooi plastiekstoele is afgebreek. Oral lê glasstukke, en groei onkruid, en ruik dit na verval. Iewers kap iemand, kap, kap, kap. Die vier spreiligte is darem nog hier op hul hoë pale – die ligte wat afgegaan het die aand toe die Springbokke in 1995 se Wêreldbeker-toernooi hier teen Kanada gespeel het. Daardie wedstryd word ook om ander redes onthou: Die skeidsregter het drie spelers ná 'n bakleiery van die veld af gestuur, een Spring-bok en twee Kanadese. James Dalton. Gareth Rees. Rod Snow.

Die hoofopskrif in die volgende dag se koerante was heel voorspelbaar: *The Battle of Boet Erasmus. Die Slag van Boet Erasmus.*

Nou wei hier beeste in die oopte langs die veld.

Ek staan voor die hoofpawiljoen en kyk na die oorkant van die veld. Ek is op pad Despatch toe, maar het gou eers hier aangekom. Eens op 'n tyd het die pawiljoen daar oorkant twee aparte gedeeltes gehad: een vir wit mense en een vir swart mense. Dit is ook waar die heel eerste Slag van Boet Erasmus plaasgevind het. In 1963. Die Bokke het daardie dag hier teen die Wallabies verloor en tydens die wedstryd het party mense bottels na die spelers op die veld begin gooi. Later het wit en swart mekaar ook met goed gegooi.

Nou staan hier 'n man in verslete klere hoog bo op die hoofpawiljoen en kap en breek vir hom 'n vensterraam uit een van die losies. Die Boet, wat meer as honderd jaar oud is, het 'n aasplek geword vir mense met desperate bouplanne. Die pale is ook weggedra.

'n Mens is skrikkerig om by die tonnel onder die pawiljoen in te stap. Dit voel asof alles op jou kan intuimel. Ek stap die skemer in, tot in 'n vertrek wat die plaaslike span se kleedkamer moes gewees het. Dit is geverf in die ou OP-kleure: swart en maroen. Die wasbakke is uitgebreek. Die banke teen die muur is weg. Gawie Carelse, Hannes Marais, Adri Geldenhuys . . . Almal manne wat hier op die banke gesit het, hul truie hier aangetrek en hul toks hier vasgeknoop het. Hier het die oorverhitte OP-flank Tobie Oosthuizen ook sy befaamde motiveringsdinge voor 'n wedstryd gedoen. Oosthuizen sou glo sommer 'n spanmaat met die kop slaan om hom aan te moedig. Eenkeer het hy glo voor 'n wedstryd die OP-wapen op sy trui passievol vasgegryp en aan die trui gepluk – en die trui geskeur.

Hier, in hierdie einste kleedkamer, het een middag voor 'n belangrike wedstryd teen WP iets gebeur wat baie mense nog vir mekaar vertel. Party mense onthou dit verkeerd of las stertjies by. Maar Danie Gerber, 'n spanmaat van Frans, het my persoonlik die storie vertel. Dit gaan oor Frans Erasmus, die legendariese OP-stut.

"Frans het in daardie jare 'n garage op Despatch gehad," vertel Danie, OP-kaptein en een van die beste senters wat nog vir die Bokke gespeel het. "Hy was altyd so 'n bietjie laat. Dikwels het hy sommer in sy oorpak by die veld opgedaag, toksak oor die skouer. Oliebesmeer. Soos dié spesifieke middag. Jy ruik net olie toe Frans hier langs Andrew Patterson en Garth Wright kom sit. Stan Terreblanche, ons

afrigter, wil begin met die spanpraatjie, maar dit lyk nie of Frans luister nie. Hy is besig om die olie onder sy naels met sy ander hand uit te krap. Die volgende oomblik draai hy na Andrew toe en vra vir hom: 'Andrew, waar kan ek 'n 1958-Rover se gearbox kry?' Andrew is skoon verskrik. Hy verstaan nie eers Afrikaans nie. Hy antwoord nie vir Frans nie. Frans stamp hom weer met die skouer en vra: 'Weet jy nie waar kan ek 'n 1958-Rover se gearbox kry nie.' 'I don't, no,' antwoord Andrew. 'Oukei,' sê Frans. 'Vra dan vir Garth daar langs jou.'"

'n Klompie jare gelede, toe geld en politieke ambisie tradisie uit rugby begin verdryf het, is Die Boet se naam na Telkompark verander. Dit was in dieselfde tyd toe Telkom, die OP-rugbyunie se hoofborg, die OP-span verneder het met die naam: Die Callmore-olifante. Later, nadat Telkom sy borgskap onttrek het, het Telkompark die OP-Rugbyunie-stadion geword. Maar nou praat almal weer van Die Boet, asof al die ander benamings net skuilname was.

Ek stap weer uit, af in die tonnel waar die gepruttel van toks se studs op sement nooit weer sal weerklink nie.

Daar was ook 'n derde Slag van Boet Erasmus. In 1974. Willie John McBride se Britse Leeus het die Saterdag hier teen die Bokke gespeel. Klippies Kritzinger, J.P.R. Williams, Moaner van Heerden, arms, voete, vuiste, spoeg, bloed. Johan de Bruyn, die Bokke se een slot wat net een oog het, tackle iemand so hard dat sy glasoog uit die oogkas spring. Party spelers kruip later op hul knieë rond op soek na die oog. Gordon Brown, Leeu-slot, kry die oog en gee dit vir De

Bruyn. "One of the most violent games ever played," het 'n Britse joernalis dit genoem.

Die laaste wedstryd is in 2010 hier gespeel. Die groot rugby in Port Elizabeth word nou in die nuwe Nelson Mandelabaai-stadion gespeel.

Hoog op die pawiljoen sukkel die man steeds om die vensterraam uitgebreek te kry. Die beeste wei vredig. Die pale het waarskynlik by 'n skroothandelaar beland.

Die laaste Slag van Boet Erasmus, die een wat tans woed, het met baie meer as rugby te doen.

Johan de Bruyn

Hy was so twaalf jaar oud toe hy sy regteroog verloor het.

"Jy ken mos 'n kind: Ek stap die middag nog so, toe gooi 'n outjie my met 'n kweper op die oog," vertel hy. "En toe my ma-hulle my dokter toe vat, toe maak die dokter 'n boggerop met my oog. Ag, en toe het ek maar die oog verloor, jy weet? Dit het my baie gehelp met die rugby, die feit dat ek net een oog het. Jy kan mos niks aan hierdie kant sien nie." Hy beduie na die regterkant toe, en lag. "Jy hardloop sommer maar bo-oor die ouens."

Hy het in meer as vyftig wedstryde vir die Vrystaat en in

een toets vir die Springbokke op slot gesak. Maar in daardie enkele toetswedstryd in die Boet Erasmus-stadion in Port Elizabeth teen Willie John McBride se 1974-Leeus het hy gesorg dat hy nooit heeltemal vergeet sal word nie.

Oom Johan is nou agt en sestig jaar oud, en hy boer steeds op die plaas Palmietfontein naby Reivilo anderkant Kuruman, waarvandaan hy ook Springbok geword het in 'n tyd toe soveel Springbokke nog van die platteland af gekom het.

"Man, dit was hier so tussen die halflyn en ons tientreelyn." Daardie Port Elizabeth-dag sal hom nooit verlaat nie. "Een van hulle kom aangestorm en ek tackle hom, maar ek vergeet om my oog toe te knyp, en daar spring die oog uit. Toe's dit 'n ding. Ons beginne soek die oog. Ons kry hom nie. Die Leeus beginne saam soek. Die ref soek ook. Later roep Gordon Brown, hulle een slot: 'Eureka! I've got it!'" Hy bring die oog vir my. Hy vra: 'Is this yours?' Ek sê vir hom: 'Ag, fok jou, man.' Jy wil mos nie met 'n Engelsman praat nie. Maar ek vat die oog by hom en lek dit nat en vryf die los gras sommer aan my trui af en sit die oog weer in. Toe speel ons maar weer aan."

Dit is nie die einde van die storie nie. Een oggend in 2001 lui die telefoon in Palmietfontein se opstal. Dis iemand wat uit Skotland bel. Gordon Brown, wat oom Johan se oog sewe en twintig jaar tevore in die Boet Erasmus-stadion opgetel het, is sterwend aan kanker en wil met Johan praat.

"Hulle het my vliegtuigkaartjie betaal, als. Ek is toe hier weg, eers Skotland toe. Gordon was al baie siek. Wat sê 'n mens? Ons het gepraat, ek en hy. Rugby maak jou familie van mekaar. Voor ek hier weg is, het ek daai oog gevat en dit laat monteer op 'n plankie, en 'n mooi ding daarvan gemaak. Daar oorkant, toe hou hulle 'n groot dinee vir Gordon, toe oorhandig ek die oog aan hom."

Skaars twee maande later is Gordon Brown oorlede.

In Tiekie se sportkroeg

Miskien sal ek sommer oor die bakkie se radio na die rugby luister, besluit ek. Maar toe dit tyd vir die wedstryd raak, hou ek op die eerste dorp stil voor 'n slordige, amper vervalle geboutjie waarop staan: *Tiekie's Sport Bar*.

Op byna elke dorp is deesdae so 'n sportkroeg. Dikwels is dit na die eienaar genoem: Tiekie of Charlie of wie ook al. En gesels jy met Tiekie of Charlie, kom jy agter hy het die pakket wat hy by die staatsdiens of Eskom of iewers gekry het, in die kroeg belê.

Die wedstryd is nog nie aan die gang toe ek Tiekie se deur oopstoot nie.

Binne is nie veel mense nie. By die toonbank is selfs nog 'n stoeltjie oop, maar ek oorweeg dit nie eens om daar te gaan sit nie. In so 'n kroeg gaan sit jy nie sommer op enige plek nie. Die ouens daar heel voor is byna elke dag in daardie kroeg. Elkeen het sy eie stoeltjie en die kroegman of -meisie weet presies wat elkeen drink, en nooit sien jy 'n vrou saam met een van hulle nie.

Hulle, kan jy maar sê, is die kroeg se seisoenkaartjiehouers.

Ek bly eenkant staan en bekyk die plek: Die vlae en serpe en kepse wat van die dak af hang, die springbokvel bokant die deur. 'n Rugbytrui skewerig in 'n glaskassie.

Teen die muur, naby die pyltjiebord, is 'n klomp foto's opgeplak: oorbeligte kiekies wat op een of ander partytjie in die kroeg geneem is van 'n jollie klomp mense wat dans en doen. In 'n kroeg soos Tiekie s'n is altyd sulkes opgeplak. Op een is altyd 'n vrou – dikwels 'n ietwat mollige brunet – wat haar bloes effe oplig en maak asof sy haar boesem vir die kamera wil wys. Op 'n ander is dikwels 'n man met 'n vrouepruik op.

"Hoesit, pel." 'n Swaar hand rus op my skouer. "Wil jy nie 'n dop hê nie?"

Hy lyk baie na die gewese Transvaalse krieketspeler Spook Hanley, blonde hangsnor en al. Net 'n ouer, meer verweerde weergawe van Spook.

"Welkom hier by ons." Hy hou sy hand na my toe uit. "Ek's Jimmy." Hy druk my in die rigting van die toonbank.

Op die groot TV-skerm in die hoek praat Naas Botha in die *SuperSport*-ateljee.

"Hier's oom Boetatjie ook." Jimmy gaan staan by 'n oom met yl grys hare wat wild op sy kop staan. Die oom het 'n langmouhemp aan en om sy nek is 'n das – 'n rugbydas met een of ander span se wapen op.

"Oom Boetatjie het op sy dag drie en twintig games vir Noordwes-Kaap gespeel." Jimmy kyk na my. "Oom Boetatjie ken sy rugby."

Oom Boetatjie glimlag ingenome. "Ons sal hulle vandag voor moet aanvat."

'n Breë mannetjie met 'n goue ketting om die pols kom ingestap. Hier en daar groet iemand: "Yes, Tiekie." Maar Tiekie groet nie terug nie, hy knyp 'n selfoon teen sy bebaarde wang vas en sê driftig vir die een aan die ander kant: "Ek sit nou al drie en dertig uur sonder bleddie ys . . ."

Ek was nog selde in 'n kroeg soos Tiekie s'n waar daar nie in een of ander stadium van die middag probleme met die ysmasjien is nie.

"Maak dit 'n dubbel," sê ek vir die meisie agter die toonbank.

Die gedruis van stemme in Tiekie se kroeg word al hoe harder en die vertrek al hoe bedompiger. Jy kan allerhande goed ruik: bier en goedkoop reukweerder en iets wat in kookolie in die kombuis braai, en sweet toe die spanne op die grootskerm op die veld draf.

"Kom, boys!" moedig Jimmy hulle aan. "Kom! Kom! Kom!"

Ek verlaat Jimmy stilletjies en gaan staan aan die agterkant van die kroeg, glas in die hand.

By een van die tafeltjies met die hoë stoeltjies sit twee paartjies. Die mans dra leerbaadjies en die vroue, een met 'n Gucci-bril op die voorkop, is 'n raps te deftig uitgevat vir 'n kroeg soos Tiekie s'n, maar dis Saterdagmiddag en op die dorp is nie 'n ander plek om uit te hang nie. Die een man is moontlik 'n prokureur, die ander een dalk eienaar van die Spar op die dorp. Die kleintjies kuier by oupa en ouma vir die middag.

By die ander tafeltjie sit 'n jafel met 'n warrelwind van 'n kuif, saam met 'n meisie wat beslis nog op skool moet wees. Hy drink 'n brandewyn-en-Coke, sy 'n Savanna Light.

In 'n kroeg soos Tiekie s'n is 'n klomp mense op 'n Saterdagmiddag bymekaar wat nie in ander omstandighede sommer saam sou wees nie. By die derde tafeltjie is 'n man en 'n vrou in eenderse blou kombersbaadjies met 'n groot bord slaptjips tussen hulle, rooi van die tamatiesous. Buite voor die venster klim 'n kêrel in 'n blou oorpak uit 'n bakkie waarop *Moolman's Towing Service* staan.

Op die grootskerm stel ons losskakel die bal om af te skop.

"Kom, boys!" roep Jimmy weer in die skerm se rigting. "Kom! Kom! Kom!"

Dit voel nie meer of ek op 'n vaal dorpie langs die N1 is nie.

Die wedstryd gaan begin.

The Mighty Blue Bull

The Mighty Blue Bull staan agter die kroegie in sy huis in Vanderbijlpark in volle rugbymondering: blou trui, blou helm met twee horings daarop, blou glas in die hand.

Onderin die glas lê drie ysblokkies. Bloues.

Graham Clouston lig die glas en vat 'n diep sluk. Hy is sekerlik die mees fanatieke ondersteuner wat die Blou Bulle nog gehad het. Of is daar nog een wat wil hê sy vrou moet sy rys en pap blou kleur voordat hy dit eet? Een wat op sy huis se geute verf: *Blou Bulle*. Een wat sy krane blou gemaak het, wat 'n blou motor ry en 'n luidspreker op sy huis se dak geïnstalleer het om 'n oorwinningsliedjie te speel as hulle wen.

Dit het hy eintlik lank laas gedoen, ter wille van vrede in die buurt nadat hy en sy buurman stry gekry het. Die saak het tot in die hof loop draai.

Graham, 'n ingenieur, kom agter die kroegie uit. Die gloeilamp bokant sy kop kleur sy gesig blou. In die besetboodskap op sy selfoon sê hy: "Hi, this is the Mighty Blue Bull, if you like to leave a message . . ."

Oral in die huis hang horlosies. Bloues.

In die slaapkamer is die deken oor die bed, die kussings en die mure alles blou.

Hy mik die badkamer in en kom terug met 'n handdoek, waslap, seep en tandeborsel. Blou, blou, blou.

Dit het begin toe hy ná skool van Benoni af Pretoria toe is om daar te gaan studeer. Dit was in 1970, toe Frik du Preez nog vir die Blou Bulle gespeel het. Een middag het sy ouers, wat van Australië af kom, hom vir die eerste keer Loftus Versfeld toe geneem.

Hy sal dit nie vergeet nie. Die opwinding toe die Bulle op die veld draf. Die vreugde toe hulle punte aanteken, asof die wêreld en sy probleme skielik nie meer bestaan nie. Daarna het hy nie 'n Blou Bul-wedstryd op Loftus Versfeld misgeloop nie.

Hoeveel kilometer hy al agter die Blou Bulle aangery het, weet hy nie. Dit moet duisende wees. Speel hulle op Loftus ry hy die twee honderd kilometer-plus hiervandaan soontoe.

Op 'n rak is sy plakboeke en albums waarin hy die Blou Bulle se vertonings verewig.

Teen 'n muur hang 'n foto van hom saam met Naas Botha, en 'n sertifikaat: *Certificate of Merit to the Mighty Blue Bull. For his dedicated friendship.*

Hy blaai 'n lêer oop. In een is 'n grafiek wat woes op en af gaan.

"Ek trek mos grafieke." Hy laat sy vinger oor die bladsy gly. "Hierdie een is van die punte wat die Blou Bulle aangeteken het."

Hy gaan wys my op die stoep. In die hoek staan 'n ronde toestel met die woorde: *Blue Bull smoker*. Af en toe rook hy 'n ribbetjie daarin.

Naby sy swembad is 'n geplaveide hoekie. *Blue Bulls 1990* staan hier in rooi stene uitgespel. Hy het dit in 1990 gedoen, twee dae voor die Curriebeker-eindstryd. So seker was hy die Bulle gaan wen. Toe wen Natal.

Graham het 'n bietjie rugby op skool gespeel, maar hy moes ophou. Ingroeitoonnaels.

Sannie, sy vrou, kom staan by ons.

"Hy leef vir sy rugby," sê sy en raak liggies aan sy skouer.

Die platteland in

Johan van der Walt sit op 'n muurtjie voor die Nice-drank-
winkel op Biesiesvlei, sowat dertig kilometer van Coligny
af, en suig aan 'n sigaret asof die oplossings vir sy dorp se
rugbyprobleme daarin skuil.

Biesiesvlei se rugbyveld is nou net veld.

"Ek dink hulle het die pale Lichtenburg toe gevat," sê
Johan deur 'n rookwolk en trek sy skouers op. "Of maybe
is dit op Sannieshof."

Sannieshof is sowat twintig kilometer hiervandaan. Ek ry
soontoe, maar niemand weet iets van Biesiesvlei se rugbypale
nie. Klink nie of hier nog grootmensrugby gespeel word nie.

Ek druk deur na die volgende dorp, Delareyville, waar
die situasie op die oog af min of meer dieselfde is. Die Dries
Venter-stadion is op die rand van die dorp en die tekens van
verval is oral te sien. *Shitsvally Stadium*, het iemand met 'n
effense spelprobleem teen die pawiljoen gespuitverf.

Wie sou Dries Venter wees?

Klein dorpies se rugbyvelde het dikwels so 'n naam: Die
Dries Venter-stadion, Die Boetie Posthumus-stadion (Coles-
berg), die Fanie de Bruyn-stadion (Kroonstad, wat nou Mao-
keng is).

In Delareyville se hoofstraat trek een naam dadelik my aandag: *Bokkies Cylinder Heads*. Dit het darem 'n rugbyklankie.

Maar Bokkie skud sy kop toe ek hom uitvra. "Gaan praat met Kleinmunro by Noordwes-trekkerdienste," sê hy met oliebesmeerde hande. "Hy speel rugby."

Op die sypaadjie sê ene Clint hier was wel 'n rugbyspan, maar hulle het te veel gesukkel om dit vol te kry.

Ek ry na Noordwes-trekkerdienste toe.

Kleinmunro Swanepoel is die seun van Munro Swanepoel, 'n sakeman op die dorp, en, ja, hy speel rugby, maar vir Ottosdal, 'n ander buurdorp, want Delareyville het nie meer 'n span nie.

Die grootste probleem vir plattelandse rugby, sê Kleinmunro, is geld. Truie en ander toerusting is nie goedkoop nie. En kry jy seer, moet jy self betaal om reggedokter te word. 'n Knieoperasie kan 'n paar duisend rand kos.

Kleinmunro stap by 'n leë kantoortjie in. In die hoek lê 'n sak vol wit-en-groen rugbytruie. Dit was die Delareyville-vyftiental se truie toe hulle nog gespeel het. Nou lê die truie maar hier in die stof, 'n wanhopige monument vir dorpsrugby.

Ek is steeds op Delareyville. Kleinmunro het my beduie hoe om by Louis Venter te kom, oom Dries Venter, na wie die dorp se stadion genoem is, se seun.

Louis, wat by Karoo-Osche-afslaers werk, het self op sy dag vir Delareyville uitgedraf.

"Ons was 'n rugbyfamilie," sê hy. "My pa was een van die stigters van die klub. Hy woon nou op Lichtenburg."

Hy gaan krap in sy lessenaar se laaie en kom terug met
"'n herinnering" wat sy suster Elize oor hul pa geskryf het.

Ek ry terug na die Dries Venter-stadion, parkeer, klim uit.
Op die veld is iets wat lyk soos meerkatgate. Hier het oom
Dries gewoel.

Gaan staan in die middel van die veld en hou 'n klein
begrafnis in my hart, met Elize se herinnering as die preek:

> Ek onthou hoe my pa soggens voor hy Western Ford
> toe gegaan het (hy was bestuurder daar) die sproeiers
> gaan aansit het om die veld nat te spuit. My sus, broer
> of ek – of wie ook al daar rondgedwaal het – moes hom
> altyd help om die pype te skuif. Dit was 'n liewe ergernis.
> Bonzo, ons leeukleurige rifrug, het dadelik geweet as
> my pa in sy wit Ford Fairlane geklim het en rugbyveld
> toe gery het. Bonzo het my pa se motor per kortpad by
> die tennisbane verby met 'n moewiese spoed gevolg.
> Soms het hy afgedwaal en eers 'n paar meerkatte gejaag.
> Wanneer my pa klaar was, het Bonzo saam met hom
> in die Fairlane geklim (agterste sitplek) en my pa het
> hom by die huis gaan aflaai. Een goeie Saterdagmiddag
> het Ferdi Strauss van Schweizer-Reneke en sy trawante
> vir Bonzo ná 'n wedstryd gesteel. Delareyville en
> Schweizer het teen mekaar gespeel. My pa was baie
> ontsteld en het al die pad Schweizer toe gery en vir
> Bonzo gaan haal.

Nie alle plattelandse rugbyklubs het 'n klubhuis nie, daarom is die plaaslike hotel se sitkamer en dameskroeg dikwels sommer die klubhuis. Die jaarlikse rugbyonthaal waar pryse oorhandig is, is aan die einde van die seisoen ook by die hotel gehou.

Heelparty plattelandse rugbystories is hotelstories. Soos Toy Dannhauser, gewese Transvaalse slot wat in die 1980's die bestuurder van die hotel op Clocolan in die Vrystaat was. 'n Drinkgat waar daardie wilde esel van 'n man, Robey Leibbrandt, voor sy dood in 1966 ook van tyd tot tyd aangedoen het.

By meer as een geleentheid het Toy glo manlike gaste, party met weinig rugbyvaardighede, gratis in die hotel laat slaap in ruil vir hulle spel in 'n wedstryd vir die dorpspan. Eenkeer het Clocolan sonder 'n slot op die veld gedraf, toe oortuig Toy glo die skeidsregter om vir hulle op slot in die skrum te sak, terwyl hy steeds die wedstryd hanteer. Oom Toy het dit self een aand in Pretoria vir my vertel.

Op Kuruman, so honderd en twintig kilometer van Delareyville af, kry ek goeie nuus by Nico van der Westhuizen, voorsitter van die dorp se rugbyklub. Hulle speel vanaand teen Kathu se tweedes. Op Kathu.

Die son is al agter Kathu se doringbome in toe ek by die dorp se rugbyveld kom. Dit behoort aan die Kathu-myn en is in 'n baie goeie toestand.

Die klubhuis is agter die pale en herinneringe aan vele soortgelyke klubhuise kom in jou los wanneer jy hier instap: die geur van Cobra-politoer, die kroegtoonbank met bottels hardehout wat kop onderstebo daaragter hang. Die trofeë op die rakke. Die spanfoto's teen die mure.

Eenkant is 'n foto in 'n glaskassie: Daardie Griekwa-span wat in 1970 die Curriebeker gewen het. Hier is ook foto's van die Griekwa-spelers wat die klub opgelewer het: Stompie Nel, Boeta Wessels, Viervoet Liebenberg.

"Waarom is sy bynaam Viervoet?" vra ek vir Hugo Schreuder, voorsitter van die Kathu-rugbyklub.

"Omdat hy so lank was."

As dit oor sy lengte gegaan het, moes hy dan nie eerder Sewevoet Liebenberg geheet het nie? Maar plattelandse rugbybyname maak dikwels nie sin nie: Ghriespomp van der Merwe, Papie Smit, Sailor Papenfus, Kierie Barnard.

John April, 'n adjunkpresident van die Griekwa-rugbyunie, is ook hier vir vanaand se wedstryd. Hulle werk hard om rugby hier aan die gang te hou, sê hy, maar die geld bly lol.

In die bloeityd van plattelandse rugby het ouens soms tot laat in hul dertigs nog vir die dorpspan uitgedraf. Fikses en minder fikses het saam gespeel. Dit was nie vreemd om soms in 'n skrum 'n seun na sy pa te hoor roep nie: "Pa, is jy orraait?"

Maar die outjies wat nou hier opgedraf het, is almal skaars uit die skool. Nie dat dit hul spel temper nie. Jan Bester, Kathu se afrigter, het pas gekla hy het vanjaar al meer as R3 000 se pleisters vir sy spelers gekoop en die voorraad is al amper weer op.

Op die pawiljoen sit twee honderd ses en dertig mense, een 'n baba, 'n malteser in 'n rooi truitjie en Kuruman se sewe reserwes. Een van die reserwes, Johan Kruger, teug rustig aan 'n Camel Light. 'n Klompie toeskouers staan weerskante van die veld.

Of nee, hulle staan nie. Hulle beweeg saam met die spel in sulke troppies langs die kantlyn af. Soms, wanneer die stryd warm raak, stap hulle selfs 'n entjie veldin, totdat die vlagman hulle terugjaag kantlyn toe.

Vir 'n oomblik wil-wil dit voel of die intensiteit van plattelandse rugby hier op Kathu oorleef, veral toe daar 'n onderonsie tussen die spelers uitbreek en iemand uit die skare skree: "Schoeman, jou vark!"

Iemand langs die veld het pas ook een van sy span se vleuels as lui bestempel. "Hy soek nie werk nie."

Dit is 'n groot konstante faktor by plattelandse rugby. Elke span het minstens een lui vleuel. Hoekom is dit altyd 'n vleuel wat lui is, nooit 'n heelagter, senter of stut nie?

'n Rugbyspan met enige selftrots het die eienaardigste kodes vir bewegings en ingooie by die lynstaan: "Pamela Anderson." Of: "Richelieu en Coke!" Ook: "Byle." Hier is tans 'n lynstaan. Kathu se ingooi.

"Peanut!" skreeu Kathu se haker en hou die bal Bumper Gouws-agtig bokant sy kop.

"Peanut!" skree die skrumskakel dan vir die losskakel, wat op sy beurt vir die vleuel agter sy hand gil: "Peanut!"

Net vir die wis en die onwis skreeu een van die reserwes langs die veld ook: "Peanut!"

Dan gooi die haker die bal heel voor op die stut in, maar

ongelukkig neem Kuruman die bal af, terwyl iemand weer skreeu: "Schoeman, jou vark!"

Op die ou end wen Kuruman die wedstryd: 23 – 17.

Miskien is dit die enigste ding wat jy kan doen: Probeer alles wat jy kan van plattelandse rugby onthou en aanvaar dat dinge nooit weer dieselfde sal wees nie.

Of gaan kyk na nog een plattelandse wedstryd en hoop jy word verras.

Ek is nou op pad na Deben, 'n myndorpie so tagtig kilometer suid van Kuruman, waar die plaaslike manne vanmiddag teen Olifantshoek speel.

Gerhard Viviers het as kind hier gewoon waar sy pa 'n polisieman was.

Hier is klaar sowat twintig motors om die veld geparkeer. Die eerste Deben-speler het pas met 'n blou knee guard uit 'n Nissan 1400-bakkie geklim. Nou staan hy die veld stil en betrag, soos 'n veggeneraal wat planne smee.

Dis 'n netjiese nuwe veld wat met behulp van 'n Lotto-skenking in die plaaslike township aangelê is. Olifantshoek is die gunsteling om die wedstryd te wen, want Deben het vanjaar die eerste keer in baie jare weer 'n rugbyspan.

Die span het nog nie eens sy eie truie nie en speel in truie wat Ammosal vir hulle geleen het. Een-een, twee-twee, drie-drie kom die spelers aangery, in 'n Cressida, 'n ou Audi, 'n Hilux met 'n konkabraai agterop en 'n aamborstige Nissan Stanza.

Neels le Roux, Deben se afrigter, het skaars uit die Hilux geklim, toe begin hy na sy manne roep: "Kom, boytjies! Kom, kom, kom!"

Hier is ook 'n man in 'n denimkortbroek en 'n paar rugby-kouse by sy velskoene – standaarddrag vir 'n plattelandse rugbywedstryd. By so 'n wedstryd sien jy ook dikwels ooms in klubbaadjies met moue wat te kort is. Hier het netnou juis só 'n oompie in 'n De Aar-baadjie in die pawiljoen se onder-ste ry kom sit.

Dirk Esterhuizen, 'n ondersteuner van Deben, het pas sy hand voel-voel in die lug gesteek en vir iemand gesê: "Ek sê jou, ons moet vandag die wind gebruik."

Die wind is 'n belangrike faktor – en soms 'n verskoning – in sulke wedstryde, al is dit net 'n ligte bries, soos dié een uit die noorde wat vandag effens oor die veld roer.

Deben se spelers gaan nou kringetjie maak vir die span-praatjie. Ek gaan staan naby hulle en toe ek hoor wat afrigter Neels vir die manne sê, weet ek die gees van plattelandse rugby is hier nog gesond.

"Ons moet vandag oopkoprugby speel, boys," sê hy ter-wyl die span 'n digte laer om hom trek. "Die kanse is goed dat ons volgende maand ons truie kry, so, onthou, julle speel vir 'n plek in die span. Julle speel vir daai trui."

Hy bly 'n rukkie stil, sodat dit insink. Toe sê hy vir J.P. Greeff: "Oukei, kaptein, praat met hulle."

Toe praat J.P. met hulle, in veel sterker taal. "Luister hier, boytjies, hierie is nie 'n game vir moffies nie. Dis 'n kakharde game dié. Aggressiwiteit maak niemand seer nie – behalwe die ander manne. Raak bedonnerd, ja. Maar channel dit op die regte manier. As ons al ons aggressie in die skrums kan gebruik en as 'n back line-man daai bal kan vat en hy breek, pappa, daar is niks wat mooier as dit is nie. Glo my, 'n forward se hart raak baie bly as hy dit sien. Ek . . ."

"Kaptein," val 'n speler met wit toks hom in die rede. "Sê vir hulle hoe belangrik first time tackling is."

J.P. knik. "Boys. Dis baie belangrik: First time tackling, first time tackling, first time tackling. Julle almal weet dit."

Nog 'n speler val J.P. in die rede. "Onthou ook, boys, ons doen niks fancy moves nie. Ons speel net die game."

In Olifantshoek se kringetjie word minder gepraat. "Ek soek nie 'n gemoan op die veld nie, oukei?" het die afrigter, Elré Miller, pas vir sy manne gesê. "Dis 'n jong skeidsregtertjie. Julle sien dit almal. Moenie hom befok maak nie. Hy kan hardegat raak. Speel net die game."

Die spelers gaan by die kleinerige kleedkamers in. Toe volg een van die belangrikste rituele van 'n plattelandse wedstryd: die insmeer van die spiere met Deep Heat.

Deep Heat, die wondermiddel. Die salf uit dié rooi-en-wit buisie word altyd ingesmeer asof dit veel meer kan doen as net spierpyne streel. Dit word aangewend as teenmiddel vir onfiksheid, gebrekkige afrigting en 'n tekort aan talent.

Net voor Deben opdraf, bid J.P. vir die span: "Liewe Vader, dankie dat ons vandag die geleentheid het om ons talent vir U te wys. Wees met elkeen van hierdie manne, sodat ons na die beste van ons vermoë kan presteer. Gee dat daar nie te veel beserings is nie. Wees met ons en mag die beste span wen. Amen."

In 'n sekere sin is die tagtig minute wat die spelers op die veld is, nie die belangrikste van plattelandse rugby nie. Dit gaan oor baie ander dinge. Die dorp se betrokkenheid by die spel, daardie saambind in 'n kringetjie, die jaarlikse rugby-dans en prysuitdeling, die stories wat jarre daarna nog vertel word.

Nie een van hierdie twee spanne se spelers kry 'n wed-strydfooi nie. Griekwas – en baie ander kleiner unies – se begroting vir plattelandse rugby is waarskynlik minder as Percy Montgomery se sjampoeborgskap.

Binne tien minute druk Olifantshoek die eerste drie.

"Boys, kom hier!" roep J.P. sy manne agter die pale by-mekaar. "Hulle is swaarder as ons voor. Ons kan hulle nie krag vir krag vat nie. Ons sal moet koprugby speel. Boys, as jy die bal kry, sit dit oor hul koppe, sodat hulle moet omdraai. Stampkarrugby gaan ons fokkol help. Koprugby, boys! Koprugby!"

Maar koprugby het sy eie uitdagings. Vier minute later druk Olifantshoek nog 'n drie.

J.P. roep weer die manne bymekaar. "Wat gaan aan, boys? Ons is besig om te gaan lê. Ons moet terugfight."

"First time tackling!" herinner een van die ander spelers die manne weer. "First time tackling!"

Olifantshoek druk daarna nog 'n drie. Langs die veld vra Dirk Esterhuizen, 'n Deben-ondersteuner, bekommerd vir die vlagman: "Hoe lank voor halftyd, Meneer?"

Die lynregter kyk op sy horlosie. "Agt minute."

"In die tweede helfte gaan ons die wind gebruik, pel," sê Dirk vir die ou langs hom.

Miskien help 'n effense bries in die blaaie werklik, want in die tweede helfte vaar Deben beter. Olifantshoek druk eers ná sowat vyf minute nog 'n drie. Daarna nog een. Die telling is nou iets in die 30 teenoor 0.

J.P. kry weer sy manne bymekaar. "Boys, in my oë is die score nog 0 − 0."

"In ons almal se oë," sê een van die manne.

"First time tackling, boys! First time tackling."

Deben skop af en wen kort daarna 'n losskrum en daar trek J.P. met die bal. Dit is asof die gees van Mannetjies Roux en Piet Visagie en Jannie van Aswegen en die ander 1970-Griekwas opeens in Deben gevaar het. Hulle maal tot naby die doellyn en dan probeer J.P. weer deurkom. Maar hy word gestuit.

"Boys," sê hy 'n rukkie later vir sy manne. "Ek't hulle try-line net hier voor my gesien."

Opeens voel dit vir my of hierdie twee spanne nie meer net teen mekaar speel nie. Hulle speel ook vir die reuk van Deep Heat en die reg om voor 'n wedstryd 'n dampie te slaan. Hulle speel vir die reg van basterbrakke om op die veld te hardloop en vir 'n ou om sy motor se toeter te blaas wanneer sy span 'n drie druk. Hulle speel vir 'n rugbydans in die plaaslike hotel se balsaal en die gees van Dok Craven en Jumbo Harris en die reg om rugby te geniet sonder sessyfersalarisse, geborgde motors, geborgde sonbrille, geborgde gholf-stelle en geborgde selfone.

Hulle speel vir die dekselse voortbestaan van plattelandse rugby.

Olifantshoek wen op die ou end die wedstryd met 47 − 0.

"Ek's trots op my manne," sê Neels toe sy Deben-manne van die veld af stap. "Hulle het goed gedoen."

Die manne maak een groot, gesamentlike kring op die veld. Party toeskouers kom val ook sommer in. Ander is reeds op pad na Die Doringdraad, die enigste kroeg op die dorp en Deben-rugbyklub se nieamptelike klubhuis.

J.P. bedank die manne van Olifantshoek.

Toe kry Elré Miller van Olifantshoek ook 'n kans om iets te sê: "Baie dankie vir die gees waarin julle gespeel het, boys. Sterkte vorentoe. Julle het guts. Hou moed, boys. Ons het ook pak gekry in die begin, maar ons het nie kop uitgetrek nie. Ek is net bly julle speel rugby en suip nie en kyk nie blou movies nie."

Die manne vat mekaar stywer vas.

Een skreeu: "Rugby!"

Toe antwoord die ander: "Rugby, yeah!"

Wêreldbeker-eindstryd, 2019

These guys want it because they want to grow rugby in
their country. We want to do it because we want to save our
fucking country.

– Rassie Erasmus

Kort voor die afskop piep my selfoon. Dis 'n WhatsApp-
boodskap van 'n vriend wat beweer Siener van Rensburg
het glo in 1902 'n visioen gehad dat die Springbokke die
Engelse gaan klop en die eindstryd van die Wêreldbeker-
toernooi wen. Vandag, op 2 November 2019. *En in die ooste
sal jy op grasgroen weivelde seëvierend 'n oorwinningslied
sing*, het die oubaas glo gesê, *en ons sal lewende water drink
uit 'n Goue Graal.*

Eers wil ek lag. Dis beslis fopnuus, geskryf deur iemand
met 'n goeie humorsin, maar iets in my wil dit graag glo.
Oom Niklaas, die ou Siener, het immers teen die Kakies in die
Anglo-Boereoorlog geveg.

Soos vir soveel ander gaan dit vir my vandag oor meer as
rugby. Dis Boer teen Brit. Dit gaan oor ou pyn en hoop vir
hierdie stukkende land van ons.

Ek staan in The Green Prince Gin Bar op Prins Albert in
die Karoo en die kroegman het pas vir my gevra: "Pienk tonic,
Meneer? Of gewone tonic?"

Ek is op die dorp vir die jaarlikse Leesfees, maar genadig-lik is die letterkunde nie bestand teen die geleefde werklik-heid nie. Nou gaan ons eers rugby kyk.

Hier in The Green Prince gaan dit soos dit gaan in 'n kroeg waar jy 'n pienk tonic in jou gin kan kry en waar Johnnie Walker Blue op die rak is. Stemmig. Maar oral sien jy die Bok-ondersteunerstruie.

In die vertrek langsaan is 'n grootskerm-TV. Gelukkig is daar nog vir my en Erna elkeen 'n stoel. Die spelers draf op die veld. Die Ajinomoto-stadion in Tokio is vol mense en lawaai. Hier in The Green Prince is dit asof niemand te hard wil praat nie, byna soos voor 'n kerkdiens begin.

In 'n ou essay wat ek vroeër in die week gelees het, skryf J.M. Coetzee:

> To post-religious people whose lives are submerged in chronos, who feel themselves dying while they are living, it provides the experience of time given meaning – which one might call a low-level experience of transcendence – often enough to make Saturday afternoon more significant than Sunday morning.

Yskoue Coetzee.

Die Engelse sing "God save the Queen", wat ons ouers in die jare veertig gedwing is om in filmteaters en ander open-bare plekke te sing. En toe . . . Dit gebeur net: Jou bene staan met jou lyf op en jy begin sing: "Nkosi Sikelel' iAfrika" . . .

Al mompel jy hier in die begin steeds oor party van die Xhosa-woorde en voel dit vreemd om 'n gedeelte van "Die Stem" in Engels te sing.

Terwyl jy sing, besef jy nou is jy deel van iets groters: Op hoeveel ander plekke in die land, in kroeë en in huise en by 'n rugbyklub, op Springbok en Pongola, Soekmekaar en in PE, is nou mense met presies dieselfde wens as jy? Baie van hulle net so bang soos jy Faf de Klerk skop weer knaend daardie hoë skoppe van hom.

Gou kry ons 'n strafskop. Pollard skop mis en ek begin wonder of dit die regte ding was om vir pienk tonic by my gin te vra. Maar nie lank daarna nie, met die Bokke knaend op die aanval, skop Pollard 'n strafskop oor, en ek dink: As dit die Boereoorlog was, is dit nou die Beleg van Ladysmith. Ons 3, hulle 0.

Halftyd, met die telling 12 vir ons en 6 vir hulle, wonder ons hoe dit aan die ander kant van die dorp gaan. Ek en Erna klim in die bakkie en ry in die N1 se rigting na die dorp se township toe.

Al het 1995 se Wêreldbeker reeds bewys dit is nie so nie, wil die twyfelaar in my steeds nie glo rugby laat swart en bruin mense ook saam hoop vir iets beters in die land nie.

North End, beduie die bordjie. Die straat skommel tussen lae huisies in. Min mense op die sypaadjies. In die vroeë 1960's is die grootdorp se bruin inwoners hier na Noordeinde toe verskuif toe die stadsraad die Groepsgebiedewet afgedwing het.

Ons hou by 'n vrou stil en vra of sy weet waar die mense rugby kyk.

"Hulle's by Piet Klak se tavern, Meneer." Sy beduie in die rigting van nog sulke lae huisies teen die heuwel. "Daar in Rondomskrik."

"Rondomskrik? Is dít die plek se naam?"

"Dis wat ons hom noem."

Rondomskrik? Dit kan maklik 'n ander naam vir ons land wees.

Ons kry die tavern redelik maklik: 'n Sementsteengeboutjie met 'n dak vol geroeste sinkplate: Clarke's Inn.

Hulle sit die plek vol, op die vensterbanke en op leë bierkiste en stoele rondom die pooltafel. Oral sien jy die Bokondersteunerstruie, die goedkoper China shop-weergawe. In die hoek is 'n kleinskerm-TV op 'n houtrakkie. Daar is probleme met die TV se klank. Dit klink of Joel Stransky en die ander ou wat uitsaai, begin hakkel het. Dit blaas en suis.

Die plek behoort eintlik aan Isadore Clarke, Piet Clarke se seun. Hier kan jy net tussen twee doppe kies: 'n Black Label quart of 'n Brutal Fruit quart. Louwarm.

"Wag net, wag." Isadore draf na sy huis langsaan en kom terug met twee van sy kombuisstoele vir ons.

Ons gaan sit. Die spel is weer aan die gang. Steeds wil dit nie 'n rugbywedstryd wees nie. Dit is iets emosioneels, 'n ervaring tussen mense, mense anders as jy, wat dieselfde drome het as jy: werk, 'n goeie regering, rolmodelle. Intussen raak die TV se klank al hoe swakker en Faf de Klerk skop weer knaend hoog, met wisselende sukses.

"Klank!" roep iemand. "Klank!"

Isadore gaan peuter aan die TV, toe is die klank heeltemal weg.

Die laaste twintig-plus minute kyk ons sonder klank, maar dit is asof dit presies só moet wees. Stemme wat ons deur die wedstryd dra, die stemme rondom ons: "Hou, Bokke! Hou! Hou, Bokke, hou!" Later ook my en Erna se stemme wat bykom: "Hou, Bokke, hou!"

Ons kry 'n strafskop teen ons.

"Jou ma se p . . .!" gil 'n maer outjie van 'n bierkrat af in die skeidsregter se rigting.

"Nee, Jerome, man?" skreeu iemand hom dood, "hier's mense, kan jy nie sien nie?"

"Maar hierdie ref moenie met sy kroekery begin nie."

Dit het nou weinig met 'n stryd tussen Boer en Brit te doen. Dit gaan nou oor ons Suid-Afrikaners, ons met ons elf amptelike tale en hoeveel verskillende bevolkingsgroepe. Ons dra almal op verskillende maniere swaar aan ou pyn. Ons hier in Clarke's Tavern en in The Green Prince Gin Bar en oral waar nou rugby gekyk word, of nie rugby gekyk word nie.

Op die TV se skerm, kort voor die eindfluitjie blaas, wys hulle Rassie Erasmus, ons afrigter, op die pawiljoen.

"Check daar, Rassie lyk soos 'n pilot!" skreeu iemand.

Rassie Erasmus, ons afrigter, lyk nogal soos 'n vlieënier met daardie kopstuk met die oorfone en mikrofoon waarmee hy met sy helpers langs die veld kommunikeer.

En toe, ai tog, skop Faf die bal weer hoog die lug in, maar hierdie keer wen ons die bal terug en kort daarna gaan druk Makazole Mapimpi 'n drie. Ons is 'n nasie van Lotto-spelers en miskien is dit wat Faf se skoppe weerspieël. Daardie skop was soos ses korrekte nommers op 'n Lotto-kaartjie.

Daarna gaan druk Cheslin Kolbe ook. Ons gaan wen, ons weet nou ons gaan wen, maar ons weet ook hoe dit is as 'n droom sterf, daarom hou ons aan met dreunsing tot Clarke's Inn se sinkdak vibreer: "Hou, Bokke, hou! Hou, Bokke, hou!"

J.M. Coetzee – hy het Australië toe geëmigreer – het as kind vir 'n ruk saam met sy ma en broer hier op Prins Albert gewoon. Hy was glo redelik onlangs op die dorp toe hy die land besoek het. Hy sal weet hoe die mense in 1962 verskuif en hul huise in die grootdorp platgestoot is – die oupas en oumas van party wat nou hier staan en roep: "Hou, Bokke, hou! Hou, Bokke, hou!"

As J.M. Coetzee nou hier in Clarke's Tavern kon wees, sou hy steeds gedink het wat vandag gebeur sal teen Sondag verby wees?

Natuurlik sal al die gewelddadiges, die korruptes en die gieriges môre steeds met ons wees, die bekrompenes en dié wat bang is vir iets opers en genadigers tussen ons. Maar miskien het almal in die land wat nie bang wil wees nie vandag weer besef hoeveel ons gemeen het.

Die eindfluitjie blaas. Suid-Afrika 32, Engeland 12.

Stemme rondom ons en lywe wat my teen hulle druk, Isadore Clarke en die outjie wat die skeidsregter gevloek het en nog ander. En Rassie op die skerm, ons vlieënier met ons op pad na 'n bestemming waar ons wil wees, weg van hierdie Republiek van Rondomskrik.

Ons

(Vir Joost)

Net ná halfsewe stoot sy broer Pieter hom in 'n rolstoel by die saal se portaal in. Hy lyk moeg. Sy hande hang slap oor sy bobene.

"Hier's Joost," fluister 'n vrou en staar na hom, nes al ons ander.

Party stap na hom toe. "Ons bid vir jou, Joost," sê een. "Sterkte, ou maat," sê 'n ander.

"Jy bly my held."

Joost kyk net stil na ons met 'n skeefgetrekte glimlag op die gesig. Hy kan nie meer praat of sy hande lig nie. Hy kan net hier in die rolstoel sit terwyl ons om hom saamdrom en vir foto's saam met hom poseer.

Ons is netjies uitgevat, baadjies, dasse, blink rokke, want hier word vanaand 'n Joost-aand gehou. Minstens een keer 'n maand word iewers in die land 'n Joost-aand gehou, en elke keer word Joost soontoe gebring deur sy broer Pieter. Alles om geld in te samel vir Joost se J9-stigting.

Ons stap die saal in. Net Joost en Pieter bly in die portaal agter. Joost se lyf sak vooroor. Geknak sit hy in die rolstoel terwyl ons glase vol wyn geskink word.

Toe weerklink Darren Scott, die seremoniemeester, se stem van die verhoog af: "Ladies and gentleman, let's welcome him . . . Joost van der Westhuizen!!!"

Pieter gaan staan voor Joost en druk sy broer se kop saggies regop. Hy stoot Joost die saal in, en ons kom regop en klap hande. By een tafel vee 'n vrou trane af. "Shame," fluister iemand.

Dit word 'n lang aand. Allerhande rugbyaandenkings word opgeveil en Darren Scott vertel grappies, en iewers tussen dit alles kantel Joost se kop weer vooroor waar hy by die tafel saam met die eregaste sit. Pieter laat hom 'n hele ruk só sit, verlep, voor hy weer sy kop regop druk, saggies, teer.

Toe is alles op die verhoog verby, en begin ons weer om Joost saamdrom.

Een wil 'n selfie saam met hom hê. "Hier, Joost," sê die ou, en hou sy iPhone voor hulle in die lug. "Ons moet nou mooi lyk vir die foto, hoor jy, my tjom?"

Ons ander staan net na Joost en staar, glas teen die bors. Jy kan dit nie help nie: Jy kan nie net na hom kyk nie. Jy staar na hom: Die man wat Jonah Lomu in 1995 reg van voor getackle het, wat agt en dertig drieë vir die Bokke gedruk het, en hier sit hy vasgevang in 'n sterwende lyf.

Iewers ná elf stoot Pieter hom weer in die rolstoel by die saal uit, in die rigting van die donker parkeerterrein.

Ons staar hulle agterna.

"Shame, en om te dink sy brein is nog helder," sê een van ons. "Hy het vanaand presies geweet wat om hom aangaan. Hy kon ons sien en hoor, maar hy kon niks doen nie, niks terugsê nie. Dit moes verskriklik gewees het."

Rugby in die tyd van Covid

Hulle gaan nie tranerig raak nie. Die Bokke speel boonop vanmiddag. Hulle moet sterk wees.

Bokkie Carstens stap na die voorkant van die saal. Is byna tienuur. Robert Fry se roudiens gaan nou begin hier in die Helderberg-rugbyklub in die Strand se klubhuis. Robert se vrou, Ne-Ray, sit al op een van die stoele wat hier uitgepak is.

Oral staan van Robert se vriende rond, party in Springbok-ondersteunerstruie, skrikkerig om te naby mekaar te kom. Covid-19 het soveel dinge anders kom maak, nou het dit ook vir Robert, een van die klub se staatmakers, in sy sewe-en-dertigste jaar kom vat.

Op 'n tafel daar voor brand sewe kerse by 'n foto van Robert en sy toks, kopskerm en klubtrui. Hy het as voorryman vir die klub diens gedoen, maar in die laaste paar jaar was hy een van die afrigters. Joviale Robert met die bulderstem. 'n Regte Strand-hond.

Bokkie, voorsitter van die klub, gaan staan agter die podium. Daar was al 'n diens vir Robert in 'n kerk, maar hulle het besluit dis niks minder as reg nie om ook gepas hier by die rugbyklub van hom afskeid te neem. Boonop pak die Bokke en die Britse en Ierse Leeus mekaar vanmiddag in die tweede toets in die Kaap; 'n wedstryd wat ons moet wen om dit een elk in die reeks te maak. Hier is 'n paar TV-skerms. Dit kan 'n lang roudiens word.

"Welkom, mense," sê Bokkie "Dis 'n pragtige dag, dis 'n wonderlike dag, almal is in 'n rugbygees. Dankie dat julle hier is om eer te betoon aan ons groot vriend Robert Fry."

Daarna lees dominee Johan Botes uit Romeine en gee 'n kort boodskap. Hannes Louw en Lin Beukes praat oor die Robert wat hulle geken het.

Toe gaan J.P. Nunes vorentoe. "Ons gaan nou ons kreet op die veld vir Robert doen." J.P. sluk-sluk. "Dit gaan nie maklik wees nie."

Almal stap buitetoe, tot op die rugbyveld. Dit is 'n helder, windstil oggend.

"Daar het ou Dok Craven altyd gesit." Bokkie beduie na die middel van die pawiljoen langs die klubhuis. "Dok was baie lief vir hierdie klub."

Helderberg, gestig in 1904, is een van die oudste rugby-klubs in die land. Die klub het al drie en twintig Spring-bokke opgelewer, byna almal in 'n era voor die Maties klub-rugby in die WP begin oorheers het. Manne soos Bob Morkel, Phil Mostert en Stephen Fry, Robert Fry se oupa.

Maar 'n klub soos dié is meer as net 'n rugbyklub. Dis 'n tweede tuiste vir elkeen wat gereeld hier kom, deel van wie hy of sy is. Robert Fry is vir elkeen net so belangrik as enige Springbok- of WP-speler wat al hier gespeel het.

Willem le Roux, Willie se pa, wat vanmiddag vir die Bokke heelagter speel, kom ook soms hier. Hy het lank slot vir die klub gespeel. Willie was in die Laerskool Hendrik Louw 'n paar strate hiervandaan. As laaitie was hy 'n ball boy langs hierdie einste veld.

Steven Kitshoff, 'n ander Strand-hond wat vanmiddag vir die Bokke op stut sak, was ook op Hendrik Louw en kom ook van tyd tot tyd hier.

Iets intiems verbind Steven, Willie en almal hier aan me-kaar.

Gewoonlik het Robert met sy groot stem die leiding ge-neem wanneer die klub se kreet geskreeu word. Nou vat J.P. en Schagne van Wyk voor.

"Ari-esta-hippi!" roep hulle, dan antwoord die ander wat in 'n wye kring rondom hulle op die veld staan. "Ari-esta-hippi!" Dan laat waai J.P. en Schagne weer: "Ari-esta-kwarra-hippi!" En so aan, tot die einde.

Dankie vir my span, sê die kreet glo. Dankie vir my kap-tein. Dankie vir die ander span. Dankie vir my God.

Ná die laaste "Ari-esta-kwaro!" sak party manne op hul hurke, asof hulle pas tagtig taai minute gespeel het. Hulle kan die verdriet nie langer terughou nie. Een omhels Ne-Ray, Robert se vrou. Almal van hulle het gedink Robert gaan te sterk vir Covid-19 wees.

"Kom ons gaan na Willem toe." Bokkie stap na waar die motors voor die klubhuis geparkeer is.

Dit is nou net ná elf. Die Bokke speel eers sesuur vanmiddag.

Nie ver van die klub af nie, in die Strand se industriële gebied, is die kroegie oorkant 'n bandeplek. Jy moet mooi kyk om die bord raak te sien: *The Head Office* – Willem le Roux, Willie se pa, se plek.

Eintlik is Willie die oorspronklike Strand-hond. Rassie Erasmus, afrigter van die Bokke in 2019 se Wêreldbeker-toernooi in Japan, het daarmee begin. In Rassie se taal is iemand wat "hond" het, iemand met 'n vegtersgees. In 'n dokumentêre TV-reeks oor die toernooi kan 'n mens hoor hoe sê Rassie in sy spanpraatjie voor die eindstryd teen Engeland vir Willie: "Most of you guys have this one thing, which is dog that you've got inside of you – you're a Strand dog, Willie . . ."

Willem is 'n lang man van min woorde, 'n boorling van Carnarvon, wat jou stip in die oë kyk wanneer hy praat. Dié kroeg is 'n ode aan sy seun. By die toonbank is 'n foto van 'n agtjarige Willie saam met James Small. En doer staan Willie in Japan by president Cyril Ramaphosa waar die president die Wêreldbeker-trofee in die lug hou.

Willem was ook in Japan vir die toernooi. Sy ma, Hanlie, is nie saam nie. Hier is 'n foto van Willie by Willem terwyl ook Willem uit rugby se goue graal drink. "Koue Heineken." Willem glimlag effentjies. "Yskoue Heineken."

Heelparty mense gaan netnou hier na die toets kom kyk. "Daar't Cliffie altyd gesit." Willem beduie na 'n leë stoel.

Cliffie Etzebeth, die oom van Eben wat netnou slot vir die Bokke speel, het soms hier gekuier voor sy dood drie jaar gelede in 'n motorongeluk. Cliffie, 'n derduiwel op en van die veld af in sy jong dae, het ook vir die WP gespeel.

"Hulle gaan vanmiddag wen." Willem vat jou met die oë vas. "Hulle móét net wen."

Hy het vroeër vir Willie 'n WhatsApp-boodskap gestuur: *Sterkte, seun*. Willie het hom geantwoord met 'n duimpie wat die lug in wys.

Bokkie wil nog nie terug klub toe gaan waar die hartseer oor Robert Fry seker al 'n bietjie begin skietgee nie. Ons ry eers Somerset-Wes toe, wat aan die Strand grens, na Steven Kitshoff se ouers toe. "Ek en Steventjie se ma, Poppie, is neef en niggie," verduidelik Bokkie.

Steventjie. Dit is wie ons taai rooikopvoorryman vir sy mense is, al honderd vier en twintig kilogram van hom, blomkoolore, de lot. Almal noem hom Steventjie.

Dwarsoor die straat naby die Kitshoffs se huis het iemand groot met bordkryt geskryf: *GO, STEVEN GO!!*

Die Kitshoffs verwelkom jou asof jy lank verlore familie is. "Ons het ook Covid gehad." Poppie het een van Steventjie se Bok-truie aan en kom met haar arms wyd oop na jou toe. "Ons kan mekaar seker maar 'n drukkie gee."

By die swembad agter die huis is 'n tamaai vertrek, byna so groot soos Willem le Roux se kroeg, ook met rugbyfoto's teen die mure. Geraamde truie. Kroegie. Jacuzzi.

Steven, Steventjie se pa, praat toevallig nou vir oulaas voor die toets met Steventjie oor die foon – hul gewone ritueel. Dit voel onwerklik: Hier gesels hy met dié Steven Kitshoff wat ons netnou op die TV gaan sien.

"Sterkte, seun." Steven, 'n sakeman, groet en laat sak die foon. "O, jene, ek raak op my senuwees." Hy vryf oor die krop van sy maag. "Dit voel of ek self op die veld gaan."

"Eers ná die eerste skrum ontspan hy," voeg Poppie by en wys 'n foto op haar selfoon wat Aimee, Steventjie se vrou, vir haar gestuur het: Steventjie speel vandag in sy vyftigste toets en sy het 'n spesiale rugbybalkoek vir hom laat bak.

Een van die foto's teen die muur is van Steventjie wat as 'n Hendrik Louw-laaitie met 'n bal onder die arm vorentoe storm.

"Hy was hierdie vet seuntjie met die rooi hare." Poppie se stem is vol moederliefde. "Later hang drie of vier outjies aan hom, maar hy gaan net vorentoe."

Ruben, hul ander kind, het 'n regsgraad en is ook hier.

Poppie lag te lekker. Ja, sy was een van daardie rugbyma's wat so langs die veld staan en skreeu het. "Dan kom die skoolhoof na my toe, dan sê hy: 'Poppie, dis nou klaar. Jy moet loop.' Maar Woensdag bel hy my weer en sê: 'Poppie, jy moet Saterdag kom, ons het jou nodig.'

"Het jy al gesien, Steventjie het nog nooit 'n vuishou geslaat nie? En hy spoeg nie op die veld nie. Ek het vir hom gesê: 'Jy doen dit nie. As jy iemand met die vuis slaat, hardloop ek op die veld en gee jou 'n pak slae."

Steventjie se rooi hare en sproete kom van Steven af. "Hulle het hom baie daaroor gespot op skool. Eenkeer toe kom sê hy: 'Ma, hulle noem my Hundred And One Dalmations.' Dit het hom meer vasberade gemaak om homself te bewys."

Deesdae is Steventjie 'n soort beskermheer vir rooikoppe. Bokkie vertel hoe 'n ma by die klub gekla het oor haar suster se rooikopseuntjie wat nie meer skool toe wou gaan nie omdat die kinders hom spot.

"Ek kry toe die kind se nommer en bel vir Steventjie." Bokkie wys na sy selfoon. " 'Help bietjie, bra,' sê ek vir Steventjie. Toe bel Steventjie daai kind en praat hom moed in."

Bokkie wil terugkom by die klub. Die Bokke draf oor 'n uur of twee op en die strate is stil. By Willem se The Head Office staan heelparty motors.

By die klub hang die somberheid nie meer so dik in die lug soos vanoggend nie. J.P. Nunes se das lê op die kroegtoonbank, Lin se hemp hang uit en oor die luidsprekers sing Bok van Blerk. Buite skop 'n paar seuntjies bal op die veld. Nes 'n jong Willie le Roux destyds wanneer sy pa hier binne was.

Dit is vir Bokkie belangrik dat gesinne saam hier kan kuier.

Die wedstryd gaan begin. Sommige staan op toe die volkslied speel en sing saam, een hand plat op die bors. Die Bokke móét vandag net wen, vir Robert Fry en alle Strand-honde, vir Rassie, vir hierdie hele verdwaalde land van ons.

Dit gaan rof en onbeskof wees. In die eerste paar minute

gryp en ruk en pluk die manne mekaar op die veld terwyl die skeidsregter probeer keer. Eben Etzebeth is heel voor met 'n grynslag, asof hy sy oorlede oom Cliffie is, laataand in die Goodwood Hotel se kroeg in 1977.

Kort daarna is dit die eerste skrum. Steventjie se rug bly reguit en jy weet pa Steven kan nou ontspan daar by die huis.

Vir die volgende uur-plus sleur die wedstryd jou mee. Diep in die tweede helfte betrap jy jouself dat jy sag bid: "Here, help, asseblief."

Op die skerm verskyn Alun Wyn Jones, die Leeu-kaptein, met 'n bebloede gesig.

"Lekker!" gil 'n vrou. "Lekkerrrr!"

En toe wen ons: 27 − 9.

Dit is moeilik om nie links en regs mense te begin omhels nie. Op die vloer by die toonbank lê Basie, die klub se baster-brak − die hondste hond in die Strand. Jy tel hom op en druk hom teen jou vas.

In The Head Office en by die Kitshoffs se huis word moontlik nou Jägermeister geskink. Eenkant staan J.P. Nunes en Lin en van Robert Fry se ander pelle. Ne-Ray, Robert se vrou, is al huis toe. Hulle was maar vir sewe maande getroud.

Ons hoef seker nie nou meer sterk te wees nie.

Cliffie

Dis asof die Goodwood-sportklub se kroeg effe stiller raak toe Cliffie Etzebeth met sy lang lyf by die deur instap. Party ouens staar na hom. Ander probeer maak of hulle nie staar nie. Hy gaan staan by die toonbank met sy knobbelrige hande voor hom.

"Kom help vir Clifford!" roep iemand benoud. "Bring vir Clifford 'n dop!"

Die kroegmeisie skarrel nader. Niemand wil moeilikheid hê nie, want Cliffie is mos 'n Etzebeth – een van dáái Etzebeths. Het op sy dag op stut en slot vir die WP gesak. Hy en sy oorlede broer Skattie was ook Springbok-stoeiers. Oor hoe Cliffie en Skattie saam rowwe jacks hier in die noordelike voorstede se kroeë was, is daar baie stories.

Cliffie kry 'n bier en gaan sit naby die toonbank by 'n tafel met 'n rooi Castle-kleedjie oor. Sy en Skattie se jonger broer Harry se seun Eben speel op die oomblik slot vir die Springbokke.

"Eben gaan nog ver kom. Hy's honger. Maar deesdae se outjies het dit maklik." Cliffie se stem is sag, amper te sag. "Hulle word betaal en het tyd om te oefen. Ons het twee keer 'n week geoefen. Jy kry R5 vir 'n oefening. As jy 'n wegwedstryd speel, kry jy R30. Hulle gee vir jou so 'n bruin koevertjie."

Die ouens by die toonbank het opgehou praat met mekaar. Almal probeer hoor wat Cliffie sê. Op die grootskerm-TV is 'n krieketwedstryd aan die gang, maar die kroegman het die klank doodgedraai.

"Daai tyd was dit makliker om 'n ou op die veld te donner." Cliffie vou die botteltjie bier in sy een hand toe. "Die vlagman het nie 'n sê gehad nie. Jy kon die ou voor die vlagman slaan; hy kon niks doen nie." Hy glimlag effentjies. "Skattie het ook rugby gespeel – klubrugby. Hy't eenkeer sommer reguit vir die ref gesê: 'Ref, kyk gou weg, ek wil gou hierdie ou rol.'" Skattie is in 1993 doodgeskiet terwyl hy skuldinvordering in Belhar gedoen het.

By die toonbank kom 'n kêrel halfpad van sy hoë stoeltjie af orent, 'n Coke-keppie halfmas oor sy voorkop. "Hei, Cliffie," sê hy dronkerig. "Vertel 'n bietjie hoe julle jou pa se vlieg-duiwe geëet het toe julle honger was."

Cliffie los die botteltjie bier en vee en vee en vee met sy hand oor die tafel, sonder om na die kêrel te kyk. "Ons het in Epping gebly. Ons was nege kinders. Ná skool moes ons gaan werk. Ek en Skattie was saans nog bouncers ook vir ekstra geld. Ons het baie ouens gedonner en as daar nie meer iets was om te donner nie, dan sê Skattie: 'Kom ons sak gou Central Hotel toe.'" Hy vee en vee weer oor die tafel. "Skattie was eintlik die moeilike een." Vee en vee. "Een Saterdag staan ons in die ou Duikboot-kroeg by Nuweland. Hier kom sê 'n ou: 'Skattie, iemand druk sommer sy siegret op my lip dood, man.' Skattie sê vir hom: 'Wys vir my die ou.' Toe wys die ou na drie sulke groot manne . . .

"Daar was baie sulke aande. In die Duikboot. In die Central. In die Goodwood Hotel. Maar Skattie is 'n goeie ou dood." 'n Oomblik kom Cliffie se hande tot rus. "Drie jaar voor hy vermoor is, het hy tot bekering gekom. Jy moes sy begrafnis gesien het. Dok Craven-hulle het met 'n kombi van Stellenbosch af gekom."

"Vertel ons van die duiwe, Cliffie!" roep die dronk ou weer van die toonbank af.

Cliffie kyk op sy horlosie. Honderde sweetdruppeltjies klou aan die botteltjie voor hom. Party kom los en gly sta-dig ondertoe. Oor die groot TV-skerm teen die muur is 'n heruitsending van 'n sokkerwedstryd tussen Arsenal en Liverpool aan die gang.

"Vertel ons van die duiwe, Cliffie!"

'n Rukkie later sê Cliffie dis tyd om huis toe te gaan. Hy kom orent en stap na die toonbank, verby die dronk ou met die Coke-keppie. Uit by die deur, al hoe verder weg van die tafeltjie met die rooi kleedjie waarop sy botteltjie bier agtergebly het, halfvol.

Brood en sirkusse

Saterdagoggend kom laai Hein my vir rugby op. Die Stormers teen Ulster.

"Moet ons nie my gasbraaier saamneem en wors en 'n paar biere koop nie?" vra ek.

Hy dink nie by die Kaapstad-stadion werk dit só nie, sê Hein.

'n Uur of wat later parkeer ons in Groenpunt naby daardie restaurant waar prins Harry eenkeer geëet het. Hier sal jy dit nie waag om jou Cadac op 'n sypaadjie staan te maak nie.

Ek is van altyd af 'n WP-man, maar omdat ek vir lank in Pretoria gewoon het, het ek die meeste van my WP- en Stormers-wedstryde op Loftus gekyk waar die sypaadjies rondom die stadion voor 'n groot wedstryd soos 'n kermis lyk, een waar 'n seun toegelaat word om vir 'n pa 'n brandewyn-en-Coke op die gesinsmotor se enjinkap te skink.

Die enkele kere wat ek op Nuweland was, het dit ook geil gegaan. Wolke braairook oor die Laerskool Groote Schuur se speelterrein waar klompe motors geparkeer staan. Worsie Visser pomp uit 'n ou Citi Golf met 'n Porterville-registrasienommer. Iemand wat kort-kort skree: "Pro-vinnccceeee!" Jollie stemme in die Duikboot-kroeg by Nuweland-stasie.

Hondmak stap ons in die stadion se koers, Hein en ek. Jy hoor die musiek van ver af. Nasievreemde musiek. Raveagtig. En daar is die stadion, lieflik modern, soos 'n reusetuig wat pas geland het. Uit Amerika. 'n Stadion sonder 'n geheue.

Ons vind ons sitplekke maklik, die veld voel naby, alles is intiem. Of dis hoe dit moontlik sou gevoel het as dit nie vir daardie musiek en die oorverhitte aankondiger was nie. "Are you ready to rummmble?!" roep hy wragtig weer voor die spelers opdraf. Klappers ontplof en vuurpyle skiet die lug in. Hoekom? En is dit die soort musiek waarna die meeste mense hier gereeld luister? Ek twyfel.

In my verbeelding sien ek die vergadering tussen die be-markers, TV-mense en ander beeldsmouse waar oor sulke dinge besluit word. Die skoene se punte dun, die woorde en begrippe glad en Amerikaans.

Ek skrik vir myself: Het ek verander in daardie suur oom wat klabriewe aan die koerant skryf? Dis nie dat ek wil hê die Gevangenisdiens-orkes moet weer voor 'n wedstryd oor die veld marsjeer en die "Heidelied" speel soos in 1982 op Loftus nie. Maar ek is hier om rugby saam met 'n vriend te kyk, ek wil nie voel of ek 'n WWE-rofstoei-ekstravaganza in Dallas, Texas, bywoon nie.

En wanneer die Stormers naby hul doellyn is, word Queen weer opgerakel: "We are the champions . . ."

Halftyd kyk ek en Hein na mekaar. Sal ons? Ek is lus en bel Wynand Claassen, wat Nuweland tot 'n nasionale gedenk-waardigheid wil laat verklaar, en vra hom wanneer hou ons 'n protesoptog.

J.M. Coetzee skryf in een van sy rugby-essays:

> Today's image-makers and image-marketers have
> no interest in complex realities, or indeed in
> anything that cannot be expounded in fifteen
> seconds.

Die tweede helfte beleef ons in 'n eetplek naby die stadion saam met 'n groepie kelners. Intiem. Lekker.

Natuurlik gaan ek vanmiddag kyk hoe pak die Stormers en die Bulls mekaar in daardie einste stadion. In my eie sit-kamer. Ek is lief vir rugby, maar wil nie op 'n Saterdag-middag deel van 'n TV-produksie wees nie.

RIV, Nuweland

Nou lyk dit of Nuweland op 'n veiling verkoop kan word.

Dalk moet ek vrede daarmee maak. Bring die stootskrapers, dit is kroongrond. Die lewe is verandering, verandering is die lewe, en die tweede wat hiermee gelykstaan, is geld, of in hierdie geval geld met 'n ander mombakkies op: ontwikkeling. Vooruitgang.

Dit is amazing om rugby in die Kaapse stadion te kyk, met 'n lekker kêrel wat die afkondigings in Engels doen en knaend Queen se "We will rock you" oor die luidsprekerstelsel speel. Dis so cool. Jy kan rustyd selfs 'n cappuccino gaan koop. Of 'n flat white. Amazing. So anders as by die Springbok-kroeg by Nuweland.

Hoekom nie sommer Wilgenhof, die meer as honderd jaar oue universiteitskoshuis op Stellenbosch, verbou en verbreek en 'n nuwe naam gee nie?

Oorlede Dok Craven was hoeka vir jare Wilgenhof se inwonende hoof.

Nie net mense kan in hul gedagtes en geheue versonke raak nie, dieselfde kan met kultuurgoedere gebeur, dikwels bepaal deur mense se, wel, gierigheid. O, Opperman se rekenmeester kom, die rekenmeester kom. Of is dit ingewikkelder as dit?

Ons skroom nie om troostaal uit gister te haal nie: want kultuur is onthou, skryf Hennie Aucamp in *Dalk gaan niks verlore nie.*

Nie net troos nie. Eiewaarde. Respek vir die werke van die voorgeslagte se hande. Die eerste rugbywedstryd is in 1890 op Nuweland gespeel.

Verlede Woensdag hang ek in die Kaap rond en gaan kyk wat by Nuweland aangaan.

'n Vriendelike vrou bied aan om my rond te wys, al mag sy nie eintlik nie. Ek kom uit die wilde ou Transvaal en het nog nie baie wedstryde op Nuweland gekyk nie.

Op die veld staan die onkruid kniehoog.

"Moet liewer nie 'n foto neem nie?" vra die vrou.

Ek wil in elk geval nie 'n foto neem nie, ek wil kiekies met my geheue neem. Daar voor die Jan Pickard-pawiljoen het Goggie van Heerden in 1986 sy tweede drie in die Curriebeker-eindstryd teen Transvaal gedruk. Een baie laataand in Pretoria het my vriend Gert vir my Goggie se tweede drie gedemonstreer, met 'n sierlike boog op 'n kaal stuk grond.

Die vrou gaan wys my ook die kleedkamers en die raadsaal. Daar staan Dok Craven in die hoek. "Dink julle dargem nog aan my?" vra hy.

Ek gaan staan in die tonnel waaruit die spelers op die veld draf. Dis hier waar Mof Myburgh vir die Britse Leeu gesê het: "I did not come here to graze."

Ek is dit eens met Wynand Claassen, gewese Springbokkaptein en 'n argitek: Nuweland moet as deel van ons erfenis bewaar word en op 'n verantwoordelike manier in iets anders ontwikkel word. Die hoofpawiljoen kan as 'n museum behou word.

Wanneer die Groot Vergeet se kil wind by die voordeur inwaai, waai respek vir die verlede by die agterdeur uit. Of is dit wat jy wil hê?

Broederskap

Ek kyk al hoe minder rugby. Miskien is dit omdat daar nou te veel groot wedstryde gespeel word. Ek sukkel om by te hou met die verskillende reekse en spanne.

Maar ek glo nie ek sal dit ooit regkry om nié te kyk wanneer die Springbokke speel nie.

Ek sal voor die TV gaan sit, rein van hart om na die rugby te kyk en my probeer gedra soos die waardige man wat ek behoort te wees. Nie vloek nie. Nie te veel drink nie.

Ook nie knaend WhatsApp-boodskappe stuur nie.

Dit is 'n simpel gewoonte, hierdie gewhatsappery voor, tydens en ná wedstryde. "Wat probeer Faf met daardie skoppies bereik?" sal jy, sê maar, in 'n WhatsApp-boodskap vir 'n vriend vra – 'n vriend wat jy weet óók nie weet hoekom Faf de Klerk so skop nie.

Hoekom het ek tydens 'n groot wedstryd pal die behoefte om iemand te whatsapp of selfs te bel? Soms net om te vra: Het jy dit of dat gesien, asof die ander een nie ook dit sou gesien het nie? Huidige vriende, soms lank verlore vriende.

Is dit omdat rugby dit vir mans wat sukkel om hul gevoelens te wys makliker maak om dit te doen?

"All that I know most surely about morality and obligations I owe to football," skryf Albert Camus iewers.

Ek en my vriend Hein Swart sal nooit vir mekaar sê: "Ek's lief vir jou" nie. Heng, nee, nooit sal ons dít vir mekaar sê nie. Maar tydens 'n wedstryd sal ons mekaar knaend bel of whatsapp en gesels oor wat ons op die veld sien. Driftige gesprekke wat als met rugby te doen het, en tog ook nie. Ons rugbygesprekke is bra oppervlakkig, soos die meeste rugbygesprekke.

Miskien wil ons met daardie gesprekke eerder vir mekaar sê: Jy is my vriend, rugby verbind ons aan mekaar, ons is menslik lief vir mekaar.

Dankie, oom Mannetjies

Hier is julle almal op die foto, oom Mannetjies. Vyftig jaar later. Julle wat in daardie 1970-Griekwa-span was wat die Curriebeker-eindstryd teen Noord-Transvaal gewen het.

Ek was ook daardie dag daar, saam met my oorlede pa.

'n Mens kan sien Vader Tyd het julle beetgehad en party van julle verniel. Mens kan jou darem nog maklik uitken − jy, Mannetjies Roux, kaptein van die span. In 'n leerbaadjie, heel voor in die middelste ry. Die kaptein.

Kyk, daar staan oom Popeye de Bruin met 'n sigaret in die

hand. Heel regs agter. Soos 'n skoolseun wat skelm rook, hou hy die sigaret vas. Hy is ook al oorlede, oom Popeye, een asemlose nag in 'n ouetehuis op Bloemhof waar ek hom eenkeer besoek het.

Jannie van Aswegen, wat daardie dag slot gespeel het, is ook al weg oorkant toe. Ook James Combrinck, die haker, is al oorlede. Hy was vir 'n ruk 'n houtwerkonderwyser op Daniëlskuil en het met 'n bruin Toyota Corona-bakkie gery.

Die meeste van julle ander herken ek nie.

Heel links, in die middelste ry, sit Piet Visagie. Oom Piet, my eerste rugbyheld, in 'n baadjie wat effens te styf aan hom sit.

Dink oom Mannetjies soms nog aan daardie rugbyheilige middag toe Oom-hulle die Curriebeker gewen het? Ek onthou, ná die wedstryd het ek tussen die mense verdwaal geraak. My pa was skielik weg en ek alleen tussen die mense. Verdwaald.

Luister Oom soms na Laurika Rauch se Mannetjies Roux-liedjie? Soms, wanneer ek na die liedjie luister, voel dit of ek ook – nes die oom in die liedjie – 'n plaas in Afrika verloor het, al het ek nog nooit 'n plaas in Afrika besit nie.

Baie van ons het iewers in ons verlede 'n plaas, maar die plaas is verkoop, of die man van die bank het dit kom terugvat, of die regering wil dit hê om aan mense te gee wat sê die grond was eers hulle s'n.

Die liedjie laat my voel of ek iets van myself iewers verloor het, iets belangriks waarvoor ek sukkel om woorde te vind. Baie van ons loop deesdae met so 'n gevoel van verlies in ons rond. Dit hoor ek, hierdie verdwaaldgeit. Dit sien ek.

Dink Oom nie dis hierdie gevoel van verlies wat maak dat ons soms so nostalgies oor die verlede raak nie? Ons verlang na Ford Fairlanes en Valiant Regals, na Gé Korsten, na Jan Wilkens se volstruisskoppe, na die wit haas by Caltex-diensstasies, en die klank van treine laat in die nag. Soms dink ek weer aan daardie middag toe hulle Oom skouerhoog van die veld in Kimberley afgedra het. Pa was so ontspanne en almal was vrolik.

Maar ek besef hoe gevaarlik nostalgie kan raak. Die verlede was nie altyd beter as wat nou is nie. Nie in dié land nie. Nie in dié wêreld nie. Verandering is die lewe, die lewe is verandering.

Kyk maar net wat gebeur op die oomblik met ons rugby. Hoe die Springbok- en baie ander spanne 'n spieëlbeeld is van hoe dit in die land is. Swart, wit en bruin wat saamwerk om die land 'n beter plek te maak.

Die Springbok-span is hoe ons moet wees.

Kyk ek na Oom en die ander ooms op hierdie foto besef ek dis julle wat my vir rugby liefgemaak het. Daarvoor kan ek net sê dankie.

Die toekoms

Ons speel teen Paternoster, sê my vriend Hein, skoolhoof op Langebaanweg. Kom saam.

Die middag bevind ek my vir die eerste keer in hoeveel jaar weer in 'n skoolbus saam met drie rugbyspanne: die Laerskool Langebaanweg se onder 9's, onder 11's en onder 13's. Met oom Chris agter die stuur.

Die laaities is eers stommerig, soos ons ook seker maar altyd was op pad na 'n wegwedstryd. Right het 'n verband om sy regtervoet; en toe ek hom vra of sy voet orraait is, sê hy sy voet makeer niks nie. Right kom van Zimbabwe af. Tebogo kom uit die Oos-Kaap. Johan Goosen kom van Langebaan af. Party woon in sinkhuise. 'n Ander een in 'n kamer saam met sy pa, ma en twee susters. Johan woon saam met sy ouers in 'n voorstedelike huis.

"Ek sê: 'n Boemslang lyk so sexy in 'n taxi!" val een weg met 'n kreet toe Paternoster in die verte opdoem.

"Ho-ja!" roep die res. " 'n Boemslang lyk so sexy in 'n taxi . . ."

Die rugbyveld, molshope oral, grens aan Paternoster se eenkantbuurt. Die hoenderstellasie van 'n pawiljoen sit vol mense. Een vrou dra pienk pantoffels. 'n Tante sit en voer 'n swart brak NikNaks. Op 'n tafel staan 'n bak met lemoene, in kwarte gesny.

Paternoster het nie geweet Langebaan bring 'n onder 9-span saam nie. 'n Man stap tussen die huisies in en kom later terug met 'n spannetjie seuntjies.

Intussen draf die onder 11's op. Enrico, Langebaan se af-rigter, stap heen en weer langs die kantlyn en gee bevele, wat deur dié op die pawiljoen doodgeskree word.

"Reguit, Christiano! Reguit!" roep een ou oor en oor en oor, totdat 'n vrou hom vasvat: "Wat reguit jy vir Christiano so?"

"Dan't hy meer spoed," sê die ou en skreeu weer. "Reguit!"

Iemand druk 'n motor se toeter toe Langebaan se onder 11's die wedstryd wen.

Hein trek die onder 13's in 'n kring saam en praat die seuns moed in.

"And another thing," sê hy voor hulle opdraf. "There's a girl in their team."

In Paternoster se span is inderdaad 'n meisie, 'n mooi kind met 'n kopskerm, met 'n verbetenheid wat van diep uit haar kom. 'n Man stoot 'n ouma in 'n rolstoel nader. Dit is die meisie se ouma. "Kom, Luzanne'tjie. Kom!"

In dié land kan jy nie sit en wag vir hoop om jou te vind nie, besef ek terwyl ek daar op die kantlyn staan en daar-die ou weer begin beveel: "Reguit! Reguit!" Jy moet na hoop gaan soek.

Op pad terug is dit die ene vrolikheid in oom Chris se bus.

"'n Boemslang lyk so sexy in 'n taxi!"

Toe, spontaan, val die laaities weg met "Nkosi Sikelel' iAfrika".

Ek hou my ongelowige hart vas, die angstigheid is net daar sonder dat ek dit wil hê: Gaan hulle "Die Stem"-gedeelte sing? Baie van hulle se oupas en oumas het apartheid se skerp kant ervaar. Maar toe hulle kom by "Setjhaba sa South Afrika (South Afrika)", hou die laaities nie op sing nie. Hulle gaan aan met "Uit die blou van onse hemel, uit die diepte van ons see . . ."

Right, Divan, J.P., Miggels en Tebogo, kliphard sing hulle, terwyl oom Chris se bus se ligte 'n tonnel vir ons deur die skemer en die toekoms maak.

Dana sê:

Baie dankie aan die span van NB-Uitgewers wat gehelp het om hierdie boek moontlik te maak: Erika Oosthuysen, my engel in die boekewêreld. Sadé Walter en Nazli Jacobs. Dankie ook aan Jeanette Ferreira en André le Roux, wat gehelp het met die versorging van die teks. Met julle hulp en die Genade het ons nog 'n boek. Dankie, Wessel Oosthuizen, dat ek soveel van jou foto's kon gebruik. Ook dankie aan Johan Orton vir die treffende voorbladfoto. Ek gee erkenning vir al my bronne in die teks. Op een plek het ek 'n sin van Bill Bryson gesteel. Dankie aan William Webb Ellis, 'n leerling aan die Rugby School in Engeland, wat in die 1800's 'n sokkerbal tydens 'n sokkerwedstryd opgetel en daarmee begin hardloop het. Só is rugby glo gebore. Laastens maar nie die minste nie: Dankie aan my hond, Blackie, wat tydens die skryf van hierdie boek pal by my voete onder my skryftafel gelê het.

www.ingramcontent.com/pod-product-compliance
Lightning Source LLC
Chambersburg PA
CBHW022004090426
42741CB00007B/882